おとなの清潔感をつくる

教養としての食べ方

ジャパンエレガンススタイルアカデミー
代表理事
松井千恵美
Chiemi Matsui

サンマーク出版

「食欲」「性欲」「睡眠欲」。

人間の3大欲求のうち、

人前にその姿をさらすのは、

「食べる姿」だけ。

「食べる姿」とは、自分の素が出てしまう、

とても無防備なものなのです。

食べ方がきれいなだけで人は信用される

食べ方は、その人を雄弁に語り、印象づけます。
食べ方がきれいな人は、育ちがよさそうに見えます。
食べ方がきれいな人は、ずっとその姿を見ていたくなります。
食べ方がきれいな人は、思わず信用したくなります。

「まもなく契約という大事な局面での食事の席で、粗相をして破談になった」、「見合い相手の食べ方を見て、この人なら間違いないと思った」など、食事の席でのエピソードは枚挙にいとまがありません。

人は、人が食べる姿を見て、印象のよしあしを感じとり、また、その人を判断する生き物ということでしょう。

食べている姿は、無防備で「素」が出るもの。それゆえ、古《いにしえ》より、高貴な人は、自分の食べている姿を人に決して見せなかったといいます。

俳優の田村正和さんがご逝去の折、田村さんは食べる姿をほとんど人に見せなかったという逸話が話題になりましたが、食べている姿は、その人の知識や教養、育ちが如実に出てしまう場所。そう考えると、いつのまにか私たちは、食べ方に無頓着になりすぎているのかもしれません。

そもそも、自分が食べている姿を、鏡でも置かない限りは自分で見ることはできません。それに、人は人の食べ方への指摘はしづらいもの。気心知れた仲でも、「あなたの食べ方は汚いから直したほうがいいよ」と言える人はあまりいないかもしれません。

あなたそのものを一番映し出してしまうものなのに、自分で気づきにくく、人からも指摘してもらえない「食べ方」。それは、その人の印象を形づくりますが、裏を返せば、食べ方が変われば、人の印象は一変します。

この本でお伝えするのは、単なるマナーではなく、知的で信頼される所作を身につける方法です。

「型」を知っていれば、心はより自由に、より豊かになれる

私はこれまで、食事の際のテーブルマナーから日常のマナー、ビジネスマナー、プロトコール（国家間の儀礼上のルールのこと）まで、「自分自身を知的でエレガントに見せる教養としての作法・マナー」を1万人以上の人たちに教えてきました。

マナーと聞いて「堅苦しそう」「厳しそう」と思う人もいるかもしれませんが、私が教えているのは、形だけの「マナー」ではありません。

あらゆるマナーの型には「なぜ、そうするのか」「なぜ、それが必要なのか」、由来や意味が必ずあります。私が教えているのは、その歴史や背景も含めた部分、つまり、教養としてのマナーです。どんなことも、そのおおもとの理屈がわかっていれば、状況に応じて、臨機応変にアレンジもできます。

マナーとはひとつの〝手段〟です。

人生のステージをアップさせる「教養」として、本当の意味でのマナーを身に着けていただくことを目的としています。

「和」を究めたら、「世界」におのずと目が向いた

私が今まで、どのようにしてマナーについての学びを深めてきたのか、少しだけお話しさせてくださいね。

私は幼少時代から「お箏《こと》」を長く続けており、芸歴は45年を超え、現在は、「生田麗華《れいか》流」の家元として多くのお弟子さんたちを指導してきました。私の母と妹は日本舞踊花柳流の名取で、私自身は箏という、日本の伝統芸能に日常的に触れる生活を送ってきました。

成長するにつれ、日本国内で箏をたしなむ人がどんどん少なくなる現実に直面した私は、箏という伝統文化をなんとか守らなければと思うようになりました。

日本の文化が世界の教養になる例もあると知り、私は外国人に箏を広めることも、箏を発展させるひとつの打開の鍵になるのではと思い、海外の要人やＶＩＰたちに箏を広めようと一念発起します。それがきっかけで、私は日本の文化をもう一度学びなおし、また、西洋のマナーを徹底的に学ぶことになりました。

20代の頃の私は、一流とされる学校や講師の元に通い、「和」と「洋」、どちらについてもその「型」と文化的背景とを体に叩《たた》き込みました。

その後、お箏の師範として活動を続けるうちに、大使館で開催されるパーティーやレセプション、晩餐《ばんさん》会などの会食に招かれる機会が増えました。

今まで学んできたことが、実際の振る舞いとしてどう活かされるのか。各国大使や国内外のＶＩＰと言われる方々や著名人など、一流の方々とのお付き合いのなかで、日本、そして、外国の文化やマナーについて、生きた教養を重ねる機会を得ることになりました。

「お箏」という和の芸事を究めた結果、世界中の「知的でエレガントな振る舞い方」に目が向くことになった。それは、私自身も予期せぬことでした。

まさか、食べ方でビジネスチャンスを逃していた？

私が特に力を入れて指導をしているのは、知的でエレガントな「食べ方」です。

それは、単なる型としての「テーブルマナー」を片っ端から「覚えていく」ことではありません。私はその背後にある「理由」や「歴史」をお伝えすること、そしてそれを体験していただくことにこだわってきました。

なぜなら、知識と体験とが連なり、「教養」として体にしみ込んでこそ、自然な美しさをまとった「知的な食べ方」は生まれるから。テーブルでの美しい所作が、本物のエレガンスをまとうのは、あらゆる所作の理由と背景が教養として身についてこそ。

また、テーブルマナーの背景にある理由やおおまかな歴史を把握していれば、現代に伝わる型は、おのずとあとからついてくる。私はそう思っています。

私のところにいらっしゃる方は、経営者や経営幹部、医師やトップ営業パーソンなど、ビジネスエグゼクティブの方が多く、立場がおありの人ほど、食べ方に意識を向けているのがわかります。

「中国で、取引先の現地企業を接待したとき。豪勢な料理が並べられても、誰も手を付けないのでいぶかしんでいたら、あとから理由がわかり青くなった」

「ヨーロッパ駐在時に、取引先から会食に招かれたとき。マナーよく振る舞うつもりで店のナプキンをきれいに畳んで帰ったら、商談があわや破談になりかけた」など、冷や汗もののエピソードは枚挙にいとまがありません。

食べ方を知らないことで、優れた人間性や能力とは無関係に、ご縁を逃してしまうとしたら、これほど残念なことはありません。

反対に、知的でエレガントな食べ方は、人生をよりよい方向へと導き、花開かせてくれます。

この本では、一般的な「ハレの席」と言われる会食のコース料理をいただく場で、迷いなく美しく食べる方法を、その背景からお伝えしてまいります。和洋中それぞれの場面で、よくある勘違いや意外に知られていないこと、身につけておくとよいテーブルマナーなど、具体的にご紹介していきます。

食べ方がきれい、という印象は、大人が身につけておきたい清潔感に直結すると私は考えています。これまでは笑って済ませていた、こっそり人の動きを真似てしのいだ、という方には心強い1冊となるものと思います。

これまで教わらなかった、躾を受けてこなかったとしても、何ら不安に思うことはありません。人はいつからだって、成長できますし、自分のその手で、物事は切り開いていくことができます。

あなた自身のステージを変える、食べ方の教養の世界へと旅立ちましょう。

おとなの清潔感をつくる
教養としての食べ方

目次

1章

和食の教養

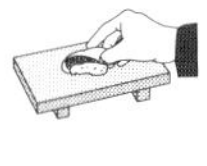

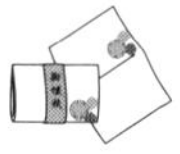

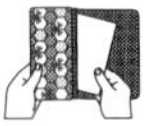

2章 洋食の教養

カトラリーの使い方より見られるポイントって!?
答え **姿勢です**

店内に先に入るのは男性?女性?
答え **女性です**

スープのすくい方は手前から向こうですよね?
答え **どちらでもOKです**

肉は〝全部切り分けてから〟食べていい?
答え **いけません**

なぜ、アフタヌーンティーと言えば「キュウリサンド」なの?
答え **財力の証です**

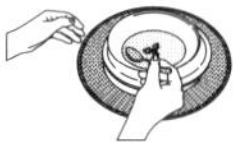

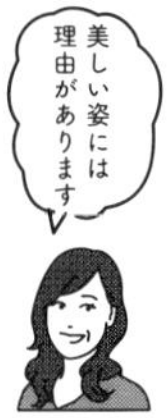

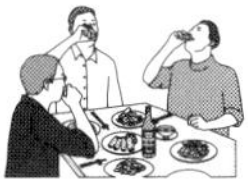

3章　中国料理の教養

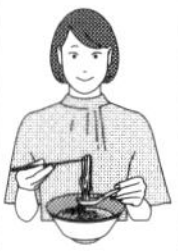

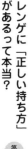

序章

構造で食べ方を見渡そう

和食の基本背景

和洋中の成り立ちを見渡してみましょう

和食

「命を大事にいただく」精神

◎武士道に基づく家父長制が背景

◎季節感を大切にする

◎「左上右下」の原則

◎繊細な箸使い

◎「残さない」が礼儀

中国料理

「歓待」と「富アピール」がテーマ

◎自分の食べる量・飲む量を伝える文化

◎何度も「乾杯」して親睦を確認

◎黙って食べない、食事と会話がセット

◎「遠慮」は失礼

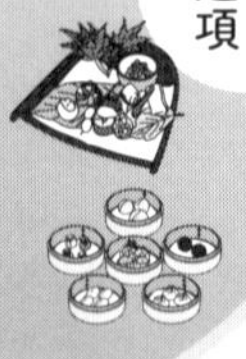

和と中の共通項

◎箸を使う

洋と中の共通項

◎麺を「すする」はNG

各料理を構造でとらえましょう

和洋中の共通項

◎美姿勢がすべての前提

◎ナプキンをきちんと使う

◎器も「おもてなし」

◎「一口大」で食べる

◎迷ったら自国のマナー

和と洋の共通項

◎左から右に食べる

和洋中の共通項

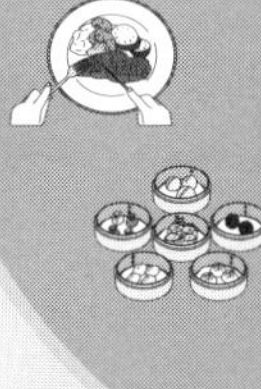

洋食

「社交」と「危機管理」がテーマ

◎騎士道に基づく「レディ・ファースト」

◎「残してよい（食べ尽くさない）」が美徳

◎「グラスを見れば育ちがわかる」

◎ナイフ類の刃は相手に向けない

◎女性がお酌をするのはNG

和食の基本背景 － 1

家父長制から生まれた「静か」に「残さず」食べるという美徳

この本では、和洋中それぞれの食事の場面で、提供される料理を、どう食べると品がよく見えるのか。品がよいとされる理由や背景をあわせてご説明していきます。

和食、洋食、中国料理。いわゆる型としてのテーブルマナーはそれぞれです。それを丸暗記するのではなく、**「どうしてそのような所作がよしとされるのか」**という理由とともに理解することで、記憶に頼らず、身につけることができます。

それぞれのテーブルマナーが、どのようなお国柄で、どのような文化的な背景があってのことなのか。本質から理解していただくことで、知識の連なりによる、生き

た教養を身につけていただくことが目的です。

さっそく、和食についてみていきましょう。

礼節を重んじる日本では、食事中は「静か」に、そして「残さず」食べることが最大の美徳として重んじられてきました。

この点は「社交」や「情報収集」を目的として食事をするヨーロッパと対照的です。

もちろん現在では「おしゃべりに花を咲かせながら、食事を楽しむ」という風潮が、ごく当たり前のものになっています。しかし和食のもともとのスタイルを知っておくと、正式な席などで、きっと一目置かれるはずです。

和食の「正しい食べ方」については、実は文献が残っています。

明治時代の小学校の「修身」（道徳）の教科書で、児童向けに説かれています。

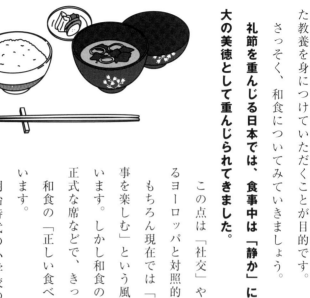

「会話をしながら楽しく食べる」というよりも、「慎み深く感謝して行儀よく食べる」というのが主な原則だったようです。

「そんなに堅苦しい生活習慣だったの？」と不思議に思われるかもしれませんが、その答えは「家父長制」を思い起こせば、納得いただけることでしょう。

お若い方はご存じないかもしれませんが、日本では「一家の長である家長（男性）が、家族に対して絶対的な支配権を持つ」というこの社会制度が、長く続いていました。それは法律面ではもちろんのこと、一般的な家庭の暮らしにも大きな影響を与えていました。

たとえば「一番大きな魚の切り身は、家長である父親に配膳される」などというように、家の中では「家長」が常に優先されてきたのです。

つまり、昔の日本では「楽しく食べること」よりも「序列を守ること」が重んじられ、厳かな雰囲気の中、食事が行われてきたのです。

そこに**「いのちを残さずいただく」**という精神も加わるため、和食の場はより厳かな雰囲気になっていたわけです。

もちろん、それは過去の話で、「家父長制」は、１９４７年の「家制度廃止」により消滅しています。現代の日本の食卓が楽しく明るいものになったことは、とても喜ばしいことに違いありません。

しかしその一方で、「いのちを感謝して残さずいただく」という「もったいない」精神が薄れてはいないでしょうか。

「もったいない」という日本ならではの素晴らしい概念が「ＭＯＴＴＡＩＮＡＩ」という世界共通言語に進化したことを、私たちはもっと誇りに思ってもよいかもしれませんね。

和食の基本背景 − 2

「箸の使い方を見れば育ちがわかる」

「食べ方」にはその人の教養が表れるものです。

「いかに合理的に、汚さず、美しく、優雅に（見えるように）食べているか」

周りの人は、あなたの所作をよく見ています。

とはいえ、「１００点満点の食べ方」を目指して、片っ端からマナーを「覚えて」いこうとするのは、近道に見えて実は遠回りです。

なぜかというと、形だけのマナーは、覚えてもすぐに忘れてしまうから。

食べ方にまつわるどんな作法や所作にも、そこには「なぜそうするのか」という理由や背景があります。それを理解して納得して初めて、体にしみ込む知恵になります。

そしてその知恵と体験とがつながって、教養が生まれます。

ただマナーを知る、というところから、教養としての食べ方を身につけるという視点で、食事作法を考える機会を、この本ではご提案しています。**和食の場合、品のよさの決め手のひとつとして「箸の使い方」が挙げられます。**

誰もが使えるお箸だからこそ、その扱い方の「上手」「下手」がくっきりと表れますし、お箸の使い方を「隠す」ことはできません。**教養が〝可視化〟される場所**と言っても過言ではありません。

幼児に箸の持ち方を教える矯正箸などもたくさんあり、箸使いというと、その持ち方（握り方）ばかりを思い描きがちですが、実はその前、**箸の「持ち上げ方」にも美しく見える「本来そうあるべき姿」がある**のをご存じですか？

また、食卓で、器と箸と、どちらから持ち上げるか、正解があるのをご存じですか？

そう、箸はとても身近でありながら、奥深く、日本の文化が映し出されたもの。箸使いがきれいな人がエレガントなのは、そんな理由があるのです。

「箸の使い方を見れば育ちがわかる」という言葉は痛烈で、私たちの心に刺さります。

私たちは、家柄を選んで生まれてくることはできませんが、品のよい食べ方という教養は、あとからいくらでも習得できるのです。

和食の基本背景－3

料理の背景に「季節」が漂う

南北に長く、四季の移り変わりがはっきりしている日本は、豊かな自然を誇ります。日本で生まれた「和食」という食文化も、それに寄り添うように発展してきました。また「和食」は正月や節句などの行事とも、密接に関わってきました。人々は日常の中の句読点として、そのような行事を重んじ、家族や地域の人たちと食事を共にすることで、自然の恵みに感謝を捧《ささ》げ、絆《きずな》を深めてきたのです。このような**「自然を尊ぶ精神」**に基づく「和食」は、2013年にユネスコ無形文化遺産に登録されています。

四季折々の恵みを感じさせてくれる「旬」の食材は、和食には欠かせない存在です。**和食のコース料理には、3つの旬を用いるという原則があります。**食材の出始めの時期である**「はしり」**、食材の食べ頃である**「さかり」**、そして旬の終わりを迎える頃の**「なごり」**です。

「はしり」のものは「初物」と呼ばれて注目されやすく、高値でよく取引されます。とはいえ、「はしり」「さかり」「なごり」に優劣があるわけではありません。

また「さかりの時期が最もおいしい」というわけでもありません。

ひとつの食材でも、この3つの時期によって味や食感が変化していく。それを楽しむ感性が、和食をいただくときに大事なのです。

たとえば、鰹《かつお》で言えば、春から初夏に獲れる「初鰹」（はしり）は、脂少なめ、うまみが多め。たたきなどに適しています。一方秋の「戻り鰹」（さかり）は、脂たっぷり。おいしい刺身がいただけます。

脂ののり具合についてはサンマもそうですね。夏の「はしり」は、脂が少なく刺身にもってこい。秋の「さかり」は、脂がのって焼くには最高です。

また野菜にも旬の変化は見られます。「はしり」はまだ若く細胞分裂が盛んだから、柔らかくてみずみずしい。「さかり」以降は加熱が必要な食材も、「はしり」のうちは生でいただけることもあります。

先付《さきづ》けを見ながら、その食材がどの時期のものか、考えるのは楽しいことです。

旬の食べ物は比較的お求めやすく、栄養価が高いとされていますし、旬の時期に食べることで、その時期に必要な栄養素をとることもできます。

「旬」を重んじ、食事に取り入れてきたのは江戸時代からと言われ、旬という言葉は私たちにとってとても身近です。

また、なかでも「初物」（その年に初めてとれた食材）は特に大切にされ、「粋」という独特の美意識を持つ江戸っ子たちには「初物を食べると75日寿命が延びる」というジンクスがあり、競い合うように初物を求めたそうです。「勝男」という当て字で縁起物とされた「初鰹」は、その10倍、７５０日も長生きするとされ、非常に高値になったという逸話もあるほどです。

料亭や寿司屋など、和食を味わえるお店に伺うと、旬の素材はもちろん、季節の花や葉で料理が飾りつけられていたり、季節に合った調度品や器が贅沢《ぜいたく》に使われているのを感じることができるでしょう。それは、**和食が季節感を重んじた、旬を味わう楽しみを形にした料理**だからです。

和食の基本背景－4

寿司はマナーより「粋」の世界

さて、江戸っ子の話が出てきましたが、寿司は「江戸の食の四天王」のひとつと称されるほど、日本人に古くから愛されてきた食べ物です。現在も会食でよく選ばれますが、「寿司」「天ぷら」「そば」「うなぎ」は、江戸時代になって現在のような形に完成されたとされ、「江戸の四大名物」として庶民の人気を集めていました。

いずれもコンパクトな「屋台」の形でスピーディーに調理され、提供された、**今でいう〝ファストフード〟的な存在**だったのです。

意外に思われるかもしれませんが、寿司も天ぷらも「庶民の味」。小屋のような屋台で、江戸前の魚（東京湾で獲れた新鮮な魚）を手早く調理し提供されていました。

当時の江戸は独身男性が多かった（参勤交代のため、地方から出てきている武士も多い）ことや、火事の多さで知られた江戸の町では、屋内での火の使用は嫌われていたという事情、せっかちな江戸っ子の気質に合った、などの理由でこれら四天王は人気を博します。

そんな背景もあって、お寿司屋さんでは、料亭などで求められているような「黙って静かにお行儀よく」という方向性とは異なる姿勢が求められます。

その姿勢を一言で表すと、江戸時代に発祥した**「粋」**という概念に集約されるでしょう。

「粋」の定義は諸説ありますし、現代に置き換えることは難しいものですが、思い切って松井流に超訳をするならば、次のように言えるでしょうか。

「身なりや振る舞いが洗練されていて、周りの空気が読めて思いやりがあること。気取ったところがないかわりに親しみやすく、明るいこと」

この原則だけ頭に入れておいてもらえれば、「高級」「名店」と呼び声高いお寿司屋さんに足を運んだときも、楽しいひとときを周りと共有できるはずです。

序章

洋食の基本背景

構造で食べ方を見渡そう

洋食の基本背景－1

大陸の戦火の歴史がはぐくんだ「危機管理」の食べ方

「洋食」には、「和食」とは異なる歴史的背景があります。そこに注目しながら読み進めていただければ「理想的な洋食の食べ方」がおのずと連想できるはずです。

洋食のルーツは諸説ありますが、14世紀のフランス宮廷料理にさかのぼるという説が一般的です。

フランス料理は16世紀前半まで、「手づかみ」で食べていたということですが、これには、当時の宗教的な背景があったようです。「指は神から与えられた優れた道具」と教えられていたからと言われています。

16世紀。1533年、フランス王アンリ2世とイタリア・フィレンツェの大富豪、カトリーヌ・ド・メディシスが結婚します。カトリーヌが祖国イタリアから連れてきた料理長が、フランスのテーブルマナーに驚いて、カトラリーの使用法などを1冊にまとめたのが『食事作法の50則』という書物だと言われています。

17世紀には、フランスの高級宮廷料理モデル「オートキュイジーヌ」（至高料理）が完成（現在でも最高峰のフレンチとされます）し、その後18世紀末に起こったフランス革命により、宮廷料理人らはいっぺんに失職します。**彼らが街中でフレンチレストランを開業するようになって、庶民に広くフランス料理が広まった**とされています。

あたかも、野蛮なフランスの文化にイタリアの風が吹いたことで、フランス料理のマナーが生まれた、という風に見られがちですが、どうやらそうでもなさそうです。

というのも、**カトラリーの歴史を調べてみると、フランスの文化の変遷のなか、カトラリーもさまざまに変化していた**ようです。一時的に手づかみで食べる文化に逆戻りしていたちょうどそのときに、イタリアのカトリーヌ妃が登場しています。フランス上流階級の人々にしてみれば、フランス人を野蛮人扱いするカトリーヌ妃は目障りな存在だったのではないか。そんな推測もできそうです。

『食事作法の50則』が、いったいどんなものだったか。どうやらそれは、現代の「テーブルマナー」という言葉が想起させる優雅なものではなかったようです。

その理由は、ヨーロッパという大陸の歴史的背景にあります。ヨーロッパでは16世紀以降、「宗教戦争」と称される一連の武力抗争が続きました。フランスのユグノー戦争、オランダ独立戦争、ドイツを中心とする三十年戦争……。

そんな戦火の絶えない土地柄ですから、「上品に美しく食べること」よりも重要視されたことがありました。**「危機管理」**の姿勢です。

たとえば「両手をテーブルに置く」というマナーは、「私は武器を隠し持ってはいません」とアピールするためにできたもの。「ワインなどを振る舞う際、ホストがワインを試飲してから」というマナーは、「毒が入っていない」と証明してみせるためのもの。

相手を値踏みしたり、情報を引き出したりする「情報戦の場」でもありました。

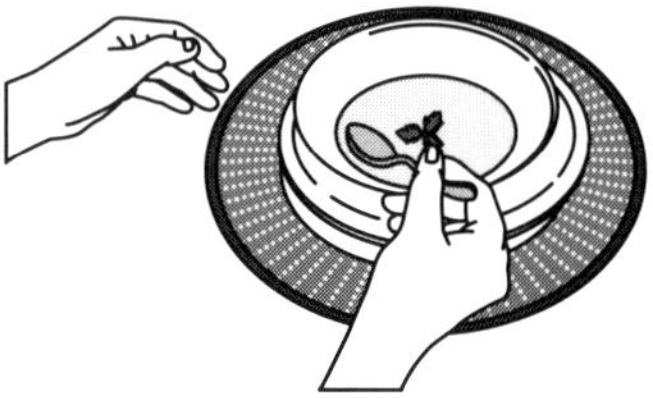

このように現代にまで伝わる「マナー」の起源をたどると、当時の血なまぐさい社会情勢は容易に想像できます。

一方、「和食」の発祥地である日本は、太古から自然と共生し、島国の農耕文化。和食ではどちらかというと「柔軟さ」「気遣い」「相手への思いやり」などを重んじます。

極論すれば、和食が「感謝の心で残さずいただく」ものだとすれば、洋食の原型は「相手を値踏みしながら、自分を表現するもの」だった。そう定義できるでしょう。

たとえば挨拶をとってみても、日本人はお辞儀をするとき、頭を深々と下げます。相手の目をしっかりと見ることよりも、頭を下げて「謙虚さや感謝などの気持ちを伝えること」を優先します。

一方、西洋人が挨拶をするとき、相手に向かい「頭を深々と下げる」習慣はありません。それは相手に「攻撃できる絶好のチャンス」を与えかねないからです。

だから「軽く会釈をしながら、笑顔で目線を外さない」というスタイルが鉄則。ちょっとした挨拶でも気を抜かないほど、緊張を保っているのが、西洋人なのです。ましてや「食事」という長時間丸腰になる場で、警戒をしないわけがありませんよね。

洋食の基本背景 ー 2

豊かさを背景にした「社交の場」。「残す」という美徳

現代の洋食の場で「相手が武器を隠し持ってはいないか」と探り合うことは（特別な要人でもない限り）まずないでしょう。でも、**「相手がどんなレベルの人間なのか」「相手がどれだけの情報を把握しているか」**と探り合うことは、珍しくありません。

また相手を〝値踏み〟し「自分の味方」と認めた場合。つまり「仲を深めたい」「一緒にビジネスをしたい（取引をしたい）」と判断した場合。自分自身を売り込み、その力をアピールすることになります。

もちろん、そのような本心や自分の手の内を明かすことはしませんよね。真意をオブラートにくるんで、スマートにコミュニケーションを重ねることこそ、洋食の場での「社交」の本質です。

つまり**西洋での食事とは「交渉事」**に通じるものがあります。心遣い、気遣いだけ

でなく、頭を使う。洋食の場には、そんな「隠れた目的」があるわけです。

ですから、「おいしい！」「これは何？」と料理に熱中すると、相手のペースに飲まれかねません。洋食の場は、食前酒から始まる会話の場、社交の場ととらえましょう。

社交という目的があるのですから、黙っていたり、相槌《あいづち》を打つばかりでは、「面白みがない」「教養がない」と低く見積もられてしまいます。〝話題の土俵〟を自分の得意分野になんとか移してでも「自分から発信すること」が大事なのです。

また、同じくNGなのが「食べ尽くす」「おかわりを求める」という姿勢です。

西洋の食事の場面では、「残さず食べ尽くす」ということは、「こんな贅沢な食事は初めてです（久しぶりです）＝裕福な生まれではありません（困窮しています）」と全身でアピールしているのと同じ。「残すこと」こそ「贅沢な食事も食べ慣れていますよ」と、自分の価値を高めることにつながるのだと、ヨーロッパのマダムから教わりました。聞けば、「ダイアナ妃は食事のほとんどを残していた」のだとか。

謙遜や謙譲の精神をよしとする和食とは正反対ですが、実際のテーブルマナーも**和と洋では正反対のものもたくさん。**対比の考え方で理解していただけると思います。

洋食の基本背景－3

騎士道精神に由来する「レディ・ファースト」

食事の場面に限ったことではありませんが、現代でも**西洋の多くの国々では「レディ・ファースト」が尊ばれ、日常的に実践されています。**その背景には、中世から伝わる「騎士道精神」が存在します。

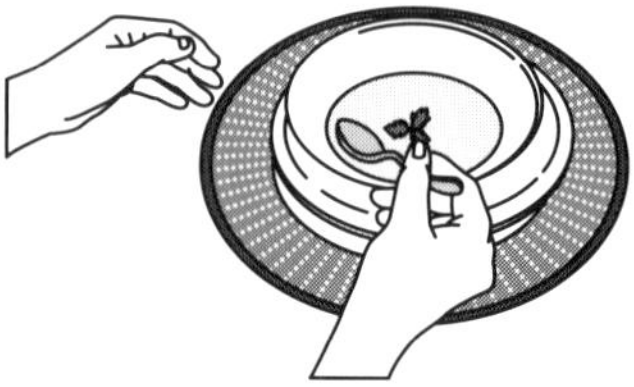

日本は、武士道の精神ですが、武士道にはない「レディ」という概念が騎士道には存在します。

騎士道精神はレディ・ファーストが大前提。それは、日本人がイメージする女性を大切に扱う、守る、という意味合い以上に、「レディ・ファーストができない男性は野蛮人」とまで言えるほど、男性にとっては「できなくてはならない当たり前のこと」。

実際、私は海外暮らしの経験がある生徒さんたち（日本人女性）

から「現代ヨーロッパのレディ・ファースト」の目撃談を数多く聞いてきました。

息子をイギリスの小学校に通わせていた日本人の母親が、参観日に学校に到着すると、校庭で遊んでいた息子が自分の姿を見るなり駆け寄ってきて、うやうやしく一礼して手を取り、教室までエスコートしてくれた、とのこと。女性をエスコートすることは必須の教養として、幼い頃から教育されているのです。

ヨーロッパの良家の人たちは子息に対し徹底して「レディ・ファースト」を躾《しつ》け、息女の場合は、「レディ」として扱われて恥ずかしくない女性に育つよう、マナーを体得させます。

女性のためという以上に、レディ・ファーストができる男性こそ正義、と、いわば男性のためのレディ・ファーストにも受け取れ、単純に「騎士道精神、レディ・ファーストの姿勢を日本

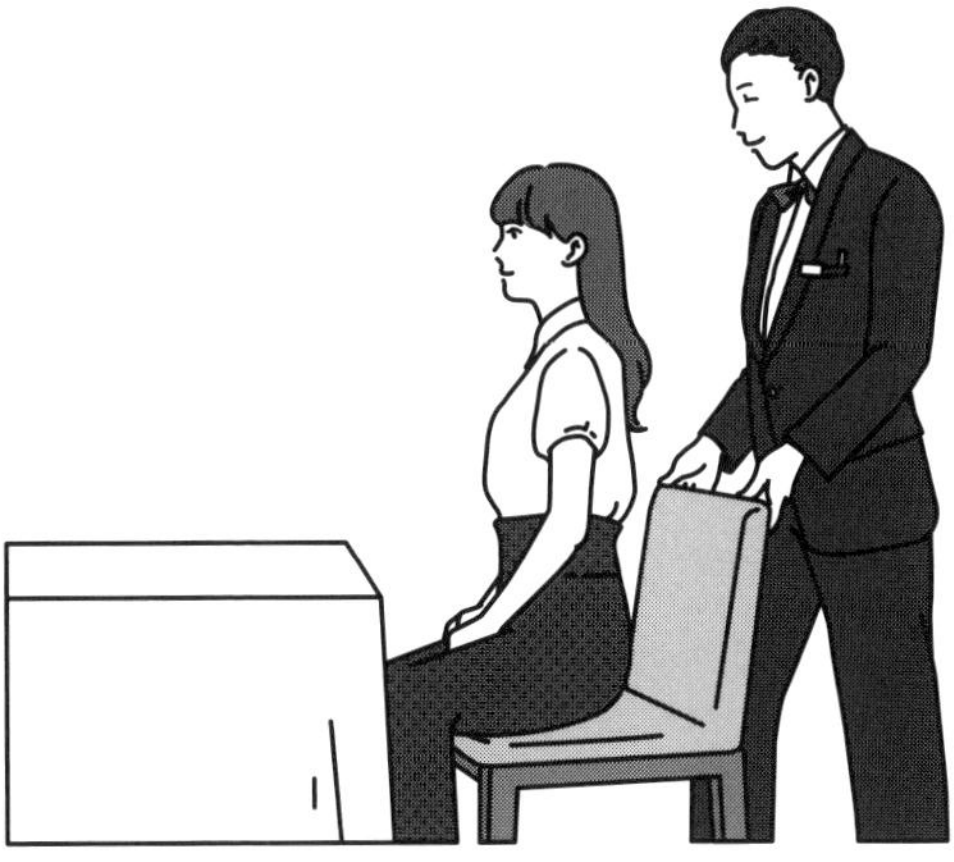

人も学ぶべき」と提唱したいわけではありません。

ただ、このような「差異」を頭に入れておくと、洋食を食べる場に突然招かれた場合に、あなたが男性だとしても、女性だとしても、どう振る舞うのがよいか、理屈で導き出すことができるでしょう。

慣れない状況下であっても自信を持って堂々と振る舞うことができるはずです。詳しい作法については、あとでご説明いたしましょう（182ページ）。

序章

構造で食べ方を見渡そう

中国料理の基本背景

中国料理の基本背景－1

財力をベースにした「富」アピールの場

中国料理はもともと宮廷、上流階級から発達した料理です。

昔は食事についての決まりや作法が数多くあったと言われていますが、宮廷がなくなったあと、状況は一変。現代では食事作法もかなり簡略化してきました。

原則として、主に次のようなものが伝えられています。

①器やお皿は持ち上げない
②箸やレンゲを使って食べる
③席次を重要視する
④自分の食べる量を知る

「和食」の精神が、礼儀正しさを旨とする「武士道」だとすれば、「洋食」の精神は、レディ・ファーストの「騎士道」にたとえられます。ならば「中国料理」の精神は、**「権**

力誇示の手段」と定義できるでしょう。

つまり**「贅を尽くすことで客（周囲）を歓待し自らの富や権力を誇示する」**。それが宮廷料理から発達した中国料理の本質なのです。

その証拠に、高級になればなるほど、中国料理は希少な食材を好んで使います。フカヒレ、ツバメの巣、北京《ペキン》ダックなど数え上げればきりがありません。また「中国史上屈指の美食家」と称された西太后（清の咸豊《かんぽう》帝の妃）の贅沢な食生活については、一度は見聞きしたことがあるのではないでしょうか。

「一度の食事に108皿の料理を並べさせた」「お召し列車に乗せた100人の料理人に3日3晩煮込み料理をつくらせながら、その上澄みしか口にしなかった」など。

現代でも中国の富裕層の宴会で「食事が食べ尽くされてお開きになること」なんて、ありえません。「残さないこと」を美徳とする日本人からすると、不可解に思えるかもしれませんが、それが中国料理という〝文化〟。つまりあなたが中国人に接待されて、ご馳走《ちそう》攻めにされたとしても、「堂々と残してよい」ということなのです。

中国料理の基本背景－2

「遠慮」は失礼、客にも「自己主張」を要す駆け引きの場

日本人が中国料理を食べるときは「私はもっと食べたいです」、逆に「私はもうお腹いっぱいです」という意思表示を、強く行う必要があります。

遠慮をして「自分の気持ちを隠そう」とする姿勢では、同席者と心の距離が縮まるどころか、いつまでたっても打ち解けられないままになってしまいます。

つまり招かれた側でさえ、自己主張をすることが大事なのです。そのうえで言葉を交わし、相手のことを探り、はたまた自分をうまく売り込んだり、アピールをしたりしながら、食事の場を楽しく共有する。そんな社交が、中国料理の真髄なのです。

いったいなぜなのか。それは中国の地理的な条件や国民性に関係があります。

そもそも中国は〝大陸国家〟で、多様性豊かな多民族社会でした。

ですから自己主張や駆け引きが大事になってくるのは当然の流れでしょう。和食のように礼儀正しく、いのちに感謝を捧げながら、悠長に食べているわけにはいかないのです。「食事」と「会話」は、もはやセットの概念と言えます。

その証拠に、高級中国料理店で「黙って食べている人たち」を私は見たことがありません（特殊な上流階級になると話は別かもしれませんが……）。

「遠慮は美徳ではなく、失礼なこと」「黙っていると置いていかれる」

中国料理をいただくときは、これくらい前のめりな姿勢で正解です。この点は、西洋の社交文化と通じるものがありますね。

逆に言うと、中国料理店では和食や洋食のように細かい作法にとらわれる必要が、あまりありません。

最低限の知識についてはこれからお伝えしていきますが、たとえそれらをまったく知らずに振る舞っていても、「あの人は礼儀を知らない！」「教養がない！」などと値踏みをされたり、一方的に低く評価されたりする心配は少ないと言えます。

「礼儀正しく振る舞うこと」より「出した食事（お酒）をいただくことで腹を割っているか」が見られている。そう形容できるでしょう。

序章
和洋中「3つの共通作法」
構造で食べ方を見渡そう

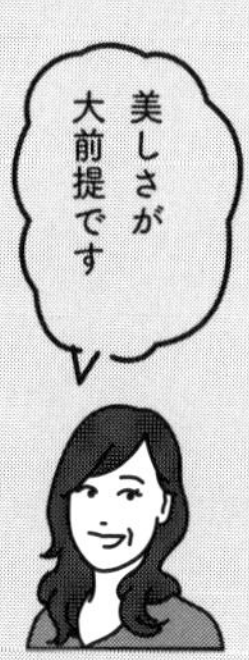

和洋中「3つの共通作法」－1

世界共通の「美姿勢」で食べる

和食、洋食、中国料理。ここまで、それぞれの料理の背景を見てまいりましたが、和洋中いずれの料理にもあてはまる「共通作法」があります。

まず、最も大事な共通作法は、姿勢です。

上半身を起こして、背筋を伸ばし、美姿勢で食べる。

当たり前に思えるかもしれませんが、着席した当初はよい姿勢でも食事が進むにつれて、巻き肩になったり猫背になったりしていく人がほとんどです。ひどいときには「犬食い」のような姿勢になってしまう人もいます。

「マナーを遵守しなければ」という気持ちも働き、会食者の顔ではなくカトラリーの扱いばかりに目が行くようになると、自然と姿勢が崩れてしまう人も多いでしょう。

「会話」や「社交」を楽しむことではなく、マナーを守ろうとするあまり姿勢に無頓着なのは、本末転倒もいいところ。悪姿勢であるだけで品格を落としてしまいますから注意しなければなりません。

私がいつもお伝えしているのが、**「こぶしひとつルール」です。椅子にかけたときにテーブルと自分との距離を6～9センチ、つまりこぶし1個分あけるのです。**

これこそ、誰もが最も食事をしやすいテーブルとの距離で、食器を扱いやすくなり、食べ物を落下させることもなく、美しい姿勢で食事を楽しむことができます。ついやってしまいがちなNG作法である**「手皿」**をせずにすみます。

この姿勢は、食事が始まる前に自分で確認をすることができます。

店の人に椅子を引いてもらって腰をかけるその瞬間に、こっそりこぶしを当てて、自分で「ちょうどよい距離」を取るとよいでしょう。

その「初期設定」ひとつで、食事中の姿勢が決まると言っても過言ではありません。そして「食事が進むにつれ姿勢は悪化しがち」ということを、随時思い出すようにしましょう。

和洋中「3つの共通作法」－2

「ナプキン」をきちんと使える人になる

現代のテーブルを用いる会食の場で、必ずと言ってよいほど用意されるのが**布製のナプキン**です。現在は和洋中どの料理でも使われ、その使い方はほぼ共通です。

「品のよい食べ方」を支えるアイテムとして、どの料理でも、ナプキンの存在は非常に重要です。店側が用意したナプキンを放置したり、自分のハンカチで代用したりする行為は厳禁。なぜなら「こんな不衛生なナプキン、私は使えませんよ」という強烈なメッセージになってしまうからです。

「ナプキンを使わなくていいほど〝食べ方上手〟」ということにはなりません。むしろ、**ナプキンを上手に使いこなせるほど、食通でありマナー通**です。

ナプキンの一番重要な役割は、口についた食事の油分をふき取ること。ナプキンの使い方については、洋食の章でその用途や使い方の詳細をご紹介します。

和洋中「3つの共通作法」－3

器もおもてなし。器を愛で、大切にして傷つけない

作法やマナーは、「相手を気遣う姿勢」ですが、身についていると品格ある人という印象を与えます。

たとえばあなたが自宅に知人を招き、大事にしている高級な和食器で、料理を振舞ったとします。もし、その和食器を相手がぞんざいに扱ったとしたら、あなたはそれだけで「悲しい気分」になってしまうはずです。

相手を大切に思う気持ちを伝えたくて、あえてその和食器を使ったのに、その気持ちに気づいてもらえなかったとしたら。受け取ってもらえなかったとしたら。どんなに残念なことでしょう。

料理に限らず、「器」もおもてなしの心の結晶です。それを使わせてもらうわけですから、大切に扱うことはもちろん、十分に愛《め》でたり、慈しんだりする感性をはぐくんでいきましょう。器の見た目の美しさについて、声に出して伝え合うことも大事です。**器を大切に扱う気持ちを忘れない。**そんな心があると、これからお話ししていく作法についても、すんなり納得いただけるはずです。

美食家で芸術家の北大路魯山人は、**「器は料理の着物」**という言葉を残しているそうです。とても美しい言葉ですよね。

器もおもてなしであり、器を愛でて、大切に扱う。この考え方は、和食に限らず、洋食、中国料理、すべての料理に通じるものだと私は思います。

1章

和食の教養

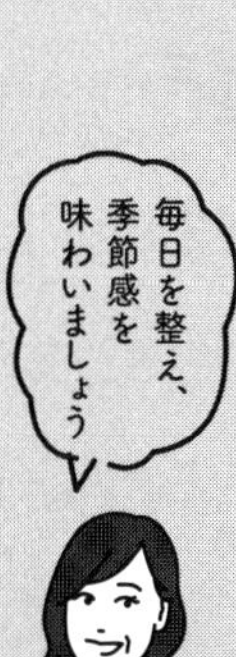

器とお箸、どちらを先に持ち上げる？

答え

器です

「左上右下」「器ファースト」の原則があります

「器ファースト」の考え方

それではここから、和洋中のコース料理を実例に、そのマナーと背景をお伝えしてまいります。まずは和食。和食は日常の基本の型から考えていきましょう。

ご飯とお椀、そしてお箸が並ぶ、日本人なら日々当たり前の「食卓の絵」。

さて、ご飯を食べようとするとき、あなたはまず、何から手にしますか？　お箸でしょうか？　器でしょうか？「両方同時に」なんて声も聞こえてきそうですね。

でも、ちょっと待ってください。**和食には、なるべく「ふたつ以上の動作を一度にしない」という大原則があります。**両手で箸と器とを同時に取り上げる所作は「もろおこし」と呼ばれ、タブーとされています。

もちろん、現代の日常生活では、いろんな作業を同時並行させる「マルチタスク」は、ごく当たり前の営みになっています。極端な話、「スマホを操作しながら食事をする人」

だってお見かけするくらいです。

でも、そんな「忙しい時代」だからこそ、「ひとつの作業に集中する」和食の本来の食べ方を知ると、心が整い、美しい所作を生み出すことができます。

では、最初の問いに戻りますね。

お箸か器、いったいどちらを先に手に取るのが美しい和食の食べ方か。

答えは、「器」です。

両手で器を持ち上げてから、箸を取る。これが正解です。

その理由は「器を大切に扱う」ため。**「器ファースト」**という考え方です。

繊細な塗り物や、薄い陶磁器など、和食器はとても傷つきやすいもの。貴重な器を丁寧に手に取ることは、おもてなしをする側（お店やホスト）への気遣い、ひいてはリスペクトする姿勢につながります。

日本の伝統作法「左上右下」の原則

この「器を大切に扱う」という基本の心を覚えていると、今まで〝常識レベル〟として丸暗記してきた「型」の意味がわかるようになります。

また、日本の伝統作法の**「左《さ》上《じょう》右《う》下《げ》」**（左が上位で右が下位）という原則があります。

配膳をするとき。ご飯と味噌《みそ》汁は、ご飯が左でお味噌汁が右。

お米を最も大切なものとする日本の文化によるものです。

このように、和食では、**「左上右下」「器を大切に扱う」**という精神を理解していると、さまざまな迷いが消滅します。

たとえば、汁物が入っている蓋付きのお椀（汁椀）が出てきたときにも、「器をなるべく傷つけないように」という気持ちが働けば、答えはおのずと導き出せます。

右手で汁椀から外した蓋は、裏を上にして料理の外側に置く。いただいたあとは、蓋を元の状態に戻す（裏返した状態で、汁椀の上に重ねない）。

この扱い方が、器を傷つけないうえ、手の動きが最小限で済み、粗相をしない、最も美しく合理的な方法なのです。

器とお箸を美しく手に取る「美所作」

『両手で器を持ち上げてから、箸を取る』

この所作の話になると「手はふたつしかないのに、それは不可能ではないですか？」とよく質問をいただきます。

ですから、私の講座ではお店で実際にこの動作をよく見ていただくようにしています。すると決まって「わ！」という歓声をいただきます。

【器とお箸の手に取り方】

❶両手で、器を取り上げる。

❷器を左手にしっかり載せてから、右手で箸をつかむ。

❸器を持った左手の指の間に箸をはさむ。そして、箸を持つ右手を、箸の頭（箸頭）のほうに静かにすべらせていく（あわてなくて大丈夫）。

❹右手を下に回し、箸を持ち直す。「しっかり箸を持てた」と思ったら、器の中の料理をいただく。

※箸を置くときは、❶～❹を逆に行います。器を持つ左手の指の間に、箸をはさむ。右手を上に回し、箸を持ち直してから、箸を右手で箸置きに戻します。

この一連の動きは、美しい所作の基本です。自然にできるようになると、所作が見違えるようになります。

「器とお箸の手に取り方」

①両手で、器を取り上げる

②器を左手にしっかり載せてから、右手で箸をつかむ

③器を持った左手の指の間に箸をはさみ、

④右手を下に回して、箸を持ち直す

世界の料理で「器を持ち上げる」のは和食だけ

和食とは、「器を持って食べる文化」です。

基本的に「大皿や盛り皿以外の皿」は持ち上げて、口に近づけて食べるスタイルをよしとしてきました。

大皿に盛られた料理も、可能なものは小皿に移して持ち上げて食べます。

実はこの「食べ方」は、〝和食ならでは〟と言えます。

実際、洋食では器を持たないため「大きくて重たい」という特徴があります。

和食器は、器を持つことが前提のため、小さく軽く設計されています。

さらに言うと、洋食では「持っていいのは取っ手のあるものだけ」。

和食とは対照的と考えるといいでしょう。

手皿はNG

食べ物を口に運ぶときに、無意識のうちに手を添えていませんか。

「エレガントで品よく見せてくれるしぐさ」と勘違いしている方が多いようですが、この**「手皿」というしぐさは、実はNG。**テレビのグルメ番組でも、よく見かける所作のひとつでもあります。

そもそも**器を持っていただくのが日本の文化**です。

「持てない器」といえば、大皿や盛り皿。だからそれらに盛られた料理には、小皿が用意されています。

それなのに「手皿をする」ということは、「器を置いたまま食べている」のと同じ。

つまり横着をしているわけですから、「手皿＝だらしのない姿」とも言えます。

また「手皿」をしたときの、最大のリスクは「手皿の上に、食べ物を誤って落としてしまうこと」です。

もしあなたがそんな状態に置かれたら、どうしますか？

手皿の上に落ちたものを、食べますか？　それとも、おしぼりでふき取りますか？

手皿の上に落ちた食べ物を処理している光景は、周りからは、かなり〝残念〟な姿に見えてしまいます。

繰り返しますが、和食の席では、手に持てない大皿や盛り皿には必ず小皿（取り皿）が用意されているもの。たとえば、天ぷらの場合は「つゆ皿」。お造り（お刺身）の場合は「醤油《しょうゆ》の小皿」。もちろんこれらは「持ってよい器」です。

大きなものは一口大にして箸でつかむ。

汁気の多いものは汁気を切って箸でつかむ。

それらを口に運ぶときには、「手皿」ではなく「小皿」をきちんと使う。

「手皿」をしている時点で「私は食べ方を知りません」と言っているようなものなのです。

会席料理の「箸留め」、破っちゃだめ？

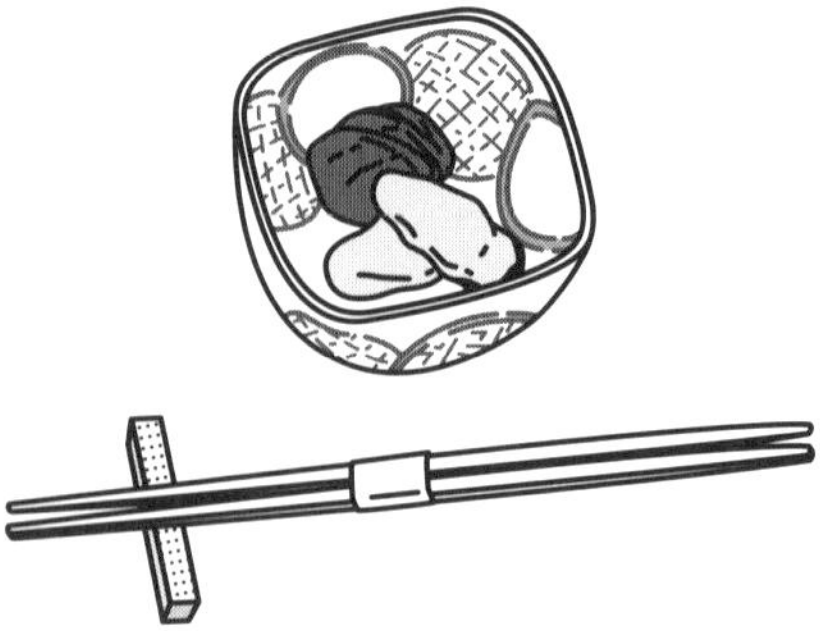

答え

しないほうがベター

目の前の人との「縁を切る」を意味することも

どうして日本人は箸を大切に扱うの？

この項目では和食を象徴するアイテム、**「箸」**について考えていきましょう。

そもそも、箸を使って食事をする「箸食」というスタイルが、世界中でどれくらいの割合を占めているかご存じですか？

手で食べ物を直接つかんで食べる「手食」が約40％（30億人）、「箸食」が約30％（23億人）、「ナイフ、フォーク、スプーン食」が約30％（23億人）という説があります。

「箸食」の国としては日本の他に中国や韓国、台湾、ベトナムなどがあります。

たとえば中国の箸は、日本のものと比べて、長くて太いのが特徴です。

なぜなら、料理が大皿で供されるから。遠くのものを取りやすいように、長くなったというのが定説です。

また韓国は、韓国料理を思い出すとおわかりかと思いますが、スプーンを多用する文化。箸は、金属製である点が特徴で、スプーンと箸、というセットが一般的です。移動を伴う戦争が多かった時代、「木製ではなく金属製の箸のほうが壊れにくく、衛生的だったから」と考えられています。

また、銀食器は毒と反応する性質があるため、貴族は銀の食器を好んだといいます（当時暗殺事件が珍しくなかったのですが、それを未然に防ぐためです）。

このように、中国も韓国も、独自の「箸文化」を持っています。

でも、食事に「お箸しか使わない国」は、なんと日本だけ。他の国々は補助的にスプーン類を使うからです（中国ではレンゲ、韓国ではスプーンが箸と併用されます）。

日本では、皆さんご存じのように、器に口をつけて汁を飲むことが許容されています。だから、汁物をいただくときも、スプーンいらず。箸だけで食べることができるのです。

実際、箸の機能を数えてみると10以上もあることに気づきます。

「つまむ」「はさむ」「運ぶ」「裂く」「切る」「混ぜる」「押さえる」「すくう」「のせる」「はがす」「ほぐす」「くるむ」などなど……。

これだけ多くの仕事を、「箸」というたったひとつのアイテムで担うことができる。そこに日本文化の本質があります。

箸は、「最小限のもので用を足す」という「ミニマリズム」の思想の結晶なのです。

箸を最初に使った人って誰？

では次に、箸の起源について見ていきましょう。

こういった「モノ」の歴史については、さまざまな研究や文献が存在するため「これが真実」と断定しにくい面があります。諸説あるなかで、「私が最も信頼している説」を中心に展開していきますので、どうぞご了承ください。

世界で最初に箸が使われたのは、古代中国。中国河南省の遺跡から3000年以上も前に発見された青銅製の箸が、最古のものです。

一方、日本で箸が使われ始めたのは、弥生時代。卑弥呼が邪馬台国の女王として君臨していた時期です。

当時の箸はピンセット状の「竹を半分に折ったもの」でした。（他には『古事記』『日本書紀』に箸の記述が遺されている、という説もあります）

現代と同じ形状の箸が使われるようになったのは、飛鳥時代。小野妹子が遣隋使として隋（今の中国）に派遣され、日本に持ち帰ってきたのが最初とされます。

聖徳太子がその「箸」を使うようになり、皇族・貴族階級から庶民へと広まっていきました。

やがて平安時代には、日本中に「箸食」が広まります。「箸」を商う人も現れます。

そして鎌倉時代には、現在とほぼ同じような箸の使い方が定着しました。

江戸時代中期になると、文化も爛熟《らんじゅく》し、「塗り箸」（木の表面を漆塗りで仕上げた箸）が生まれます。

江戸時代後期には「引裂箸《ひきさき》」という「割り箸」の原型が生まれ、飲食店などで用いられるようになりました。それから杉でつくられた割り箸が普及していきます。

江戸時代から大正時代にかけて「丁六箸《ちょうろく》」「小判箸《こばん》」「元禄箸《げんろく》」「利久箸《りきゅう》」「天削箸《てんそげ》」

などが生まれました。

最高級の割り箸と言えば、「利久箸」

ではいったい、現代において最も格が高い割り箸は何でしょうか？

正解は**「利久箸」**。茶人・千利休が客人をもてなす日の朝に、みずから杉の木を小刀で削って、一膳一膳つくったものが原型とされています。

形は「祝い箸」と同じく、箸の両端が細く削られた「両口箸《りょうくち》」。

わざわざ両端を削った理由は「杉の香りをより楽しんでもらうため」とも言い伝えられています。

また、「利久箸」という名称の由来は、客商売の人にとっては縁起がよくない「休」という字を避け「永久」の「久」という字を代わりに当てたから。

現代の会席料理では、この「利久箸」が用いられることがほとんどなのです。

「箸留め」を破るのは縁起が悪い？

利久箸はたいてい、その中央が**「箸留め」**という巻き紙で固定されています。

それをベリッと破るのはよくありません。

「箸留め」からうまく箸を抜くことが礼儀とされています。

なぜなら箸留めを破ることは「目の前の相手とのご縁を断ち切ることにつながるから」。「知らなかった！」という方も多いこの作法、覚えておいて損はありません。

とはいえ、「箸留めを破らず箸を抜く」には、ちょっとしたコツが必要です。

手順をご説明しますね。


【箸留めを破らず箸を抜く方法】

❶「箸留め」が巻かれた状態の箸を水平にして、左手で支える（2本の箸が上下に並

ぶようにする)。

❷右手で、2本の箸のうち「上の箸」の右端を、左方向に押して左側に数センチずらす。

❸「下の箸」の右側も、左方向に押して左側に数センチずらす。

❹スーッと「箸留め」が抜ける。

なぜ「右から左に向かって箸の〝右端〟を押すのか」というと「食べ物に触れる箸の左先」に手で触らないため。衛生的な理由です。

自分で割るタイプの「割り箸」(カジュアルなお店やコンビニなどでよく見かけるタイプのもの)の扱い方にも、美しく見せる秘訣《ひけつ》があります。

テーブルのやや下(ひざの上)で、割り箸の上を右手、下を左手で持ち、垂直に扇を開くイメージで割ります。

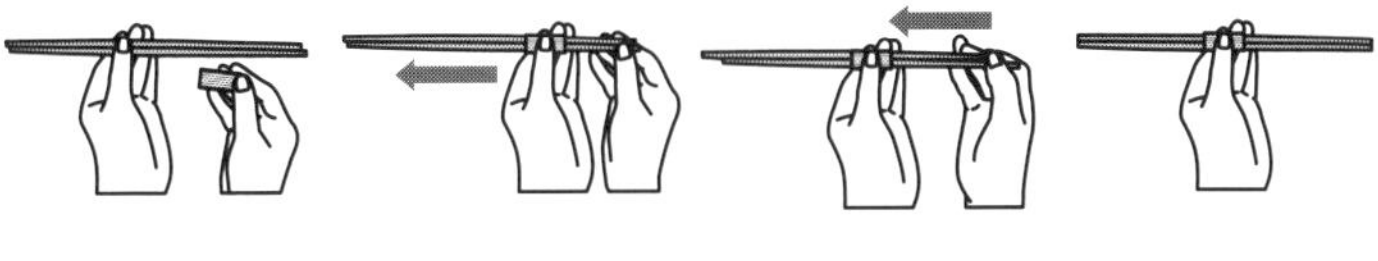

❹　❸　❷　❶

実は多くの人が、2本の箸を水平方向に引き離そうとしています。その場合、勢いあまって「手や箸が周囲の器に当たる」など、粗相につながりやすいのです。

箸の使い方「三手」で見違えるほどエレガントに

美しい箸の使い方。食べ始めに、箸置きから箸を持ち上げる動作から、美しい所作は始まります。

箸置きに置いた箸を、普段どのように持ち上げているでしょうか？

実は、この「箸置きから箸を手に取る所作」は「三手《みて》」と言い、改まった和食ならではのマナーです。

「箸置きから、むんずと箸を利き手でつかんで食べ始める」

そんな一連の動作を、3回のプロセスにあえて細分化させることで美しく見せる。丁寧で最も美しい所作です。

それを「手間」ととらえる人もいるかもしれませんが、慣れるとかんたんです。

合理的でもあるため、無意識のうちに行えるようになりますよ。

【三手の行い方】

❶右手で箸の中ほどをつかむ。

❷左手で箸を下から支え、右手をすべらせる。

❸左手で箸を支えているうちに、右手を返し、右から3分の1ほどのところで正しい持ち方に変えます。

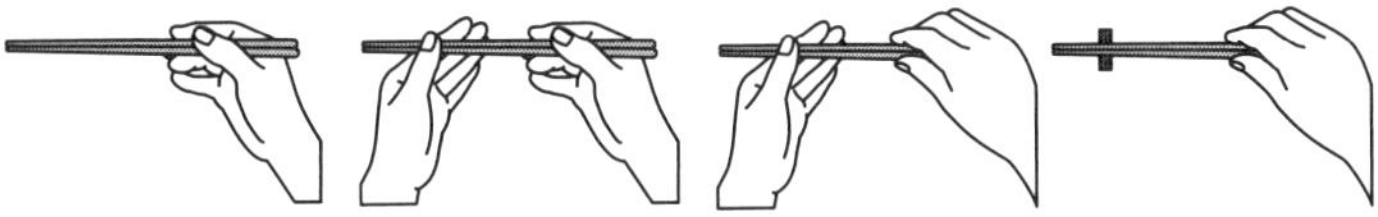

❶　❷　❸　完成

箸のNG所作を総おさらい

基本をおさらいすると、**箸を持つ場所は「箸先から約3分の2」の部分。**上の箸は鉛筆を握る要領で、下の箸は中指と薬指の間に入れて固定します。ものをつまむ際は「中指・人差し指・親指で上の箸を動かし、下の箸は動かさない」が原則です。

箸には昔からいくつかのタブーがあり「忌み箸」「嫌い箸」などと呼ばれています。いずれのタブーも不衛生であったり、下品に見えたり、器を傷つけたり、盛り付けを崩したり……。「確かに控えるべき」と素直に思える所作ばかりです。

【箸使いのタブー】

・「移し箸」箸から箸へと食べ物を渡すこと。火葬場での骨上げを連想させます。

・「ねぶり箸」箸を口に入れてなめること。

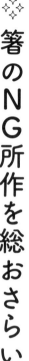

・「振り上げ箸」会話をしながら、箸先を高く振り上げること。
・「握り箸」箸を握り締める持ち方のこと。
・「刺し箸」料理に箸を刺して食べること。
・「迷い箸」料理を取るのに迷って、箸をあちこち動かすこと。
・「寄せ箸」箸を器に引っかけ、手前に引き寄せること。
・「ちぎり箸」箸をナイフとフォークのようにして使うこと。
・「もぎ箸」箸についたご飯粒などを口で取ること。
・「探り箸」料理の中を探るように下から引き出して取ること。
・「返し箸」大皿から料理を取り分けて食べる際に自分の箸先を返して元のほうで取ること。

知的に見える最強アイテム「懐紙」は使うべき？

答え

フル活用しましょう

何にでも使えるマルチな和小物で、
雅なうえに合理的だから

平安時代から受け継がれる「所作美人アイテム」

和食を食べるときに、持っておくと何倍にも品がよく見える秘密の道具があります。
それが、**「懐紙《かいし》」**です。

懐紙とは「懐（ふところ）」の「紙」という字面通り、もともとは「半分に折った状態で、懐に入れて持ち歩かれていた和紙」のこと。

茶会などでは必ず使うため、茶道を習い始めた人が初めて購入する道具のひとつでもあります。その起源は古く、なんと平安時代にまでさかのぼるとされています。

懐紙とはハンカチ、ティッシュ、メモ帳のような役割を一手に引き受けてくれる、携帯を前提とした便利なアイテムです。

その多岐にわたる利用法について、ご紹介していきましょう。

ハンカチやティッシュの代わりに使う

最もご理解いただきやすいのは「ハンカチ」「ティッシュ」的な使い方でしょう。**「ふく」「汚れを取る」「押さえる」といった仕事**を立派に果たしてくれます。

・汚しすぎてしまった箸先や器を「ふく」。
・指先などについた「汚れを取る」。
・焼き魚を食べる際、魚の頭に置き、手が直接触れることを「防ぐ」。
・口元を「隠す」（食材をかみ切るときや、小骨や果物の種などを取るとき）。
・食べ終わったあとの魚の骨を「隠す」。

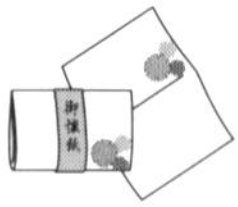
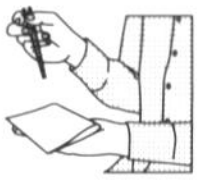

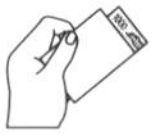
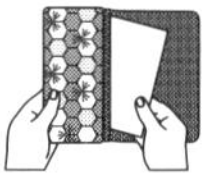

和食をエレガントに残さずきれいに食べるために、懐紙におおいに助けていただきましょう。

小皿の代わりに使う

また、忘れてはならないのが懐紙の「小皿」的な使い方です。前に「手皿はNG」というお話をしました（62ページ）。手皿の代わりに小皿（取り皿）を活用するのが理想ですが、使える小皿が手元にない場合、もしくは、懐紙が手近にある場合、**懐紙を小皿代わりに使いましょう。**

汁気の多いものを口に運ぶ瞬間などに、大活躍してくれます。

懐紙はもともと、ふんわりとした「折り目」がついています。その「折られたままの状態」で手のひらに載せても、四隅が少しはみ出るくらい。大きさの面でも違和感はありません。

「使い捨ての紙皿」という感覚で、気軽にどんどん使ってよいのです。

茶道では、回ってくるお菓子の器から、自分の分のお菓子を取り、懐紙の上に載せます。つまり、和紙でありながら、立派な「器」なのです！

使い終わった懐紙は、お膳の隅に寄せておけば大丈夫。

お店の人がスマートに下げてくれます。食事中のごみを持ち帰る必要はありません。

（茶道から生まれた「懐石料理」の場合は、ごみは各自持ち帰ることになっているのでご注意くださいね）

食べ終わったあとにも使う

懐紙は、メモ帳や、ポチ袋、包装紙としても使うことができます。

たとえば平安時代の貴族は詩歌を書きつけたり、ちょっとした文章を記録するのに懐紙を使っていたそうです。

今はスマホにメモ機能なども備わっていますが「懐紙にサッとメモをする」という姿はどことなく優雅に見えるものです。懐紙にメモをしたあとは、相手にそのまま渡すこともできますね。

また、現金やお釣りを渡すときなど「むきだしの現金を見せたくない」場合、懐紙で包むとスマートです。

封筒やポチ袋を、懐紙を手早く折ってつくる器用な人もいますが、そんな機転は、知的でエレガントな印象を与えるに違いありません。

懐紙は、ネット通販はじめ、大きな文具店やお茶道具を扱う店で入手することができますよ。

和食に限らずあらゆる料理をいただくときに使えますので、和装なら胸元に、洋装ならバッグにしのばせておきましょう。

「ひとつのものをさまざまな用途に応用する」志向は、日本文化の精髄と言えます。懐紙しかり、風呂敷しかり、袱紗《ふくさ》しかり。「最小限のもので用を足す」という「ミニマリズム」の考え方と通じるものがありますね。

和食はどうして、見たこともないものが先付けで出てくるの？

答え

季節感を楽しむため

季節感は和食の大原則。「はしり」「さかり」「なごり」の3つの「旬」が供されます

和食のトップバッターは「先付け」

いよいよ、和食のコース料理「会席料理」の流れについて見ていきましょう。最初に出されるのが**「先付《さきづ》け」**です。

洋食での「前菜」、居酒屋での「お通し」と似たものととらえてください。

「いったいなぜ『先付け』という名前なの？」と聞こえてきそうです。実は、このあとに「向付《むこうづ》け」という料理が運ばれてきます。

わかりやすく言うと「お造り」（お刺身）が盛られた料理のことなのですが、その「向付け」よりも先に出されることから「先付け」と呼ばれるようになった、というのが定説です。

この「先付け」には小さな料理が数種類、盛られています。

季節の移り変わりの美しさ、それを表した先付け。そんな先付けですから、丁寧に味わって、空腹であっても、一気に食べきることはしないほうがよいでしょう。美しい盛り付けをできるだけ崩さないように、ゆっくりといただきます。

先付けは、「最初に提供される料理」。「お客さんをあっと驚かせたい」という料理人さんたちの気持ちがより詰まった一品です。

先にもお伝えしたように、和食では「旬」という言葉を、時期ごとにさらに3つに分けています。**食材の出始めの時期である「はしり」、食材の食べ頃である「さかり」、そして旬の終わりを迎える頃の「なごり」です。**

先付けを見ながら、その食材がどの時期のものか、考えるのは楽しいことです。見たことすらない食材が出てきた場合は、店の人に尋ねてみてください。通常は、丁寧に説明してもらうことができます。

料理人や料理長でなく、配膳してくれる人に聞いても大丈夫です。その日のメニューについては、把握をしているはずです。

とはいえ、かゆいところに手が届く〝心遣い〟が和食の身上。食事前にいただける「お品書き」を見れば、尋ねなくてもだいたいの見当がつくようになっています。

和食の「お品書き」は、通常は右から、提供される順に縦書きで書かれています。しかし、一皿の中についてては「食べる順」に表記されているわけではなく、皿の上の配置でもなく「言葉がまとう雰囲気」で料理長が構成、作成しているそうです。

「左から右」に食べる原則

どんな順で食べればよいのかというと**「左から右」**という横の流れが原則です。盛り付けが縦の並びになっているときは**「手前から奥」**の順にいただきます。

和食の世界では、この順序で食べることが共通認識になっており、料理人さんたちもそれを前提にして、あるルールにのっとり盛り付けています。

それは「薄味から濃厚な味へ」という極めてシンプルなルールです。

一般的にどのような料理でも「薄味のものから、濃い味のもの」をいただきます。

なぜなら、最初に濃い味のものを食べてしまうと、味覚がそれにつられてしまい、あとの薄味のものを物足りなく感じるからです。

つまり、舌が繊細な味付けを感じにくくなってしまうのです。

ですから、**世界中のほとんどのコース形式の料理は「薄味の料理から濃い味の料理」という順番で運ばれてくることが多い**のです。

もちろん好きなものから箸をつけても誤りではありませんが、この「左から右」という原則は、洋食の「肉・魚を（切って）食べるとき」にも応用できるので、覚えておいてくださいね。

苦手なもの、残したものはどうすれば？

コース料理で、食べられない食材や苦手な食材が出てきてしまうこともあります。

近年、アレルギーの問題などもあることから、お店の予約時に「食べられない食材や苦手な食材」（NG食材）を伝えるのが客側のマナーとなっています。

ホスト（ゲストを招く立場の人）は、ゲストに事前に「NG食材」を尋ね、それを店に伝えることが基本的な礼儀です。

しかし「アレルギー食材」だけならともかく、自分の「NG食材」のすべてを伝えきるのは難しいものです。

「使わないで」とお願いしそびれてしまった「NG食材」が、もし運ばれてきたら。「先付け」の一品に使われていたら、いったいどうすればよいのでしょうか？

答えはかんたん、その料理だけ残しておいてください。

マナー違反でも、恥ずかしいことでもありません。

その料理が、蓋付きの器に入っていたなら、蓋をする。蓋がなければ、懐紙をかける。懐紙がなければ、飾りの葉っぱなどをかけて隠す。

飾りの葉っぱもなければ、そのままでも差し支えありません。

「盛り合わせ」は
どこから食べるの？

答え

「手前から奥」「左から右」です

盛りつけを崩さないように
味の薄いものから順に並べています

難しくない！〝穂紫蘇〟の使い方

「盛り合わせ」と言えば、花形である「お造り」（お刺身）を忘れてはなりません。

その食べ方の原則は「先付け」と同じく、「左から右」（縦の並びになっているときは「手前から奥」）です。

もっとも、お造りの場合は「淡白な白身」と「脂ののった赤身」があるので、「白身から赤身の順で食べる」のが理想的です。

通常は、このルールにのっとり「左側（手前）に白身、右側（奥）に赤身」という順で配置されているはずです。

とはいえ、お造りの盛り合わせを知的にエレガントに食べようとしたとき、思わぬ〝伏兵〟がひそんでいます。

そう、皿に盛り付けられている「花」です。

わかりやすいところで言うと、黄色い「小菊」。

「食べるべき？」「いや、花なんだから飾りよね？」

迷ったことが、あなたも一度はあるのではないでしょうか。

結論から言うと、「小菊」の花は食用なので食べても大丈夫（小菊の〝がく〟は苦いので食べません）。

「花びらを指でつまんで、醬油を張った小皿にちりばめ、そこにお造りをつけて食べる」のが、小菊の正式の食べ方です。香りと彩りが一気に増します。

小菊は身近でポピュラーな例ですが、上級編の食用花についてもお話ししておきましょう。たとえば**「穂紫蘇《ほじそ》」**です。

穂紫蘇とは、その名の通り「紫蘇」の穂のこと。

花穂はピンク色で美しく、香りもよいため、和食ではよく使われます。

紫蘇の葉（＝大葉）よりも控えめな香りが、人気の理由かもしれません。

とはいえ、茎についた状態のまま、花（穂紫蘇）を口に運ぶわけではありません。

「花を箸でこそいで、醬油を張った小皿に入れる」または「お造りの上に散らす」というひと手間をかけてください（茎を「根本から穂先」ではなく「穂先から根本」の向きにこそげると、花がパラパラとうまく取れます）。

繊細な香りゆえ、消えやすいので、手早く処理しましょう。

手皿に気をつけて！

わさびの使い方も、ハレの席でのマナーを確実に知っておきたいものです。

わさびは醤油に溶いておくのではなく、お造りに載せていただきます。料亭で用いられるような本わさびは、醤油にはなかなか溶けにくいからです。

また、溶いた途端にせっかくの香りが飛んでしまいます。

そしてお造りを口に運ぶときは、醤油皿も一緒に移動させましょう。

もし醤油皿が持ち上げづらいときでも、前にもお話ししたように**「手皿」をするのは厳禁**です。ここで懐紙の出番。懐紙を醤油皿の代わりにするのです。

醤油皿を持ち上げようとすると、皿が小さく醤油も入っているため手元が不安ですが、懐紙ならその心配もありません。それに、垂れてしまった醤油を吸い取ってもくれるわけです。お造りをいただくときの心強い味方である懐紙。ぜひ使ってみましょう。

つまと大葉は食べていい？

大根などの「つま」についても説明します。そもそも「つま」とは、お造りの盛り合わせを華やかに見せたり、季節感を表現したり、「薬味」として機能したりするものです。大根、ニンジン、キュウリ、ワカメ、大葉などがよく使われます。

なかでも「食べるか否か」悩むのは、やはり大根のつまではないでしょうか。

でも、一流店で出されるお造りに添えられている大根のつまは、職人さんが一生懸命「かつらむき」や「千切り」をしてつくったもの。手間がかかっていますし、心も込められています。食べない手はありません。

それに大根は約95%が水分で低カロリー。しかも「ジアスターゼ」という酵素が含まれているため、胸やけや胃もたれを防ぎます。また殺菌効果や防腐効果も期待できます（冷蔵や冷凍の技術が未発達だった時代の「お造り」は、現代よりも食中毒の危険性がはるかに高く、つまは、生ものをいただく際の毒消しのような存在でした）。

栄養バランスを整えたり、さっぱりと「口直し」をしたりしてくれる「つま」は、理想を言えば、「お造り」と「つま」とを交互にいただければ最高です。

つまや大葉の食べ方について、厳格な決まりはありません。

たとえば「イカのお造りに大葉を巻いて食べるのが大好き」という生徒さんがいました。そんなアレンジも許容してくれるのが、和食の奥深いところです。

まとめておきましょう。**お造りの皿に盛り付けられたものは「すべて食べる」のが大正解。**それは「残さず食べる」という和食の精神を重んじるだけではなく、科学的に見ても理にかなったことなのです。

汁物は、具から食べるの？
出汁から？

答え

出汁です

お店の格が表れる「出汁」をまずは
一口いただくのが作法です

蓋付きの「汁物」は、コワくない

お店の格がわかるのが、お椀で提供される汁物です。

和食の職人さんは、その店の出汁《だし》そのものを味わうこの椀物料理を、店の格を左右するなにより大事なものと位置付けています。蓋を開けた瞬間の香り、一口目にいただく出汁のうまみ。美しい所作で、最大限に味わいたいものです。

かつては、職人さんが汁物を注ぎ、蓋をした椀は、お客様が開けるその瞬間まで、けっして開けないものとされ、茶道で使われる茶筅《ちゃせん》を使って**「露打ち」**をして水をかける店もあったそうです。夏期には清涼感を演出する目的と、お客様に職人の味がそのまま提供された証《あかし》とされました。それほど、お店にとっては「大切な」一品である椀物。椀に入った「お吸い物」などの汁を使った料理は、「汁物」と総称します。

和食の「汁物」と言えば、蓋付きの塗り椀で供されるスタイルが王道です。

もちろん、小さな「蓋」まで〝塗り物〟であることがほとんど。「蓋」の開閉から、その置き場所まで、**「蓋もお膳も傷つけないこと」**を念頭に置き、優雅な所作で丁寧に扱いましょう。

「高価な塗り物を扱っている」と意識をすると、動作は必然的にゆったりとなり、「優雅で落ち着いた雰囲気」が、おのずと醸し出されるようになります。

では、汁物をいただくときのポイントをご紹介していきます。

蓋の裏側の水滴をうまく落とす方法

美しい所作で汁椀（汁物が入ったお椀）の蓋を開けることができれば、「お椀もの」の第一関門は合格です。でも、蓋をうまく開けられなかったり、蓋の裏側の水滴が落ちてしまったり、開けた蓋の扱いに迷ったりすることはありませんか？

「蓋をうまく開けられない」というときは、椀を支えている左手で「椀の縁を両側から押す」と、椀の縁がたわみ、空気が入るため、かんたんに開きます。

蓋を力まかせに思いっきり引っ張ると、お椀の中身が飛び出してしまうことがあるので注意しましょう。

「蓋の裏側の水滴が落ちる」というときには**「露切りの所作」**で対応します。

「露切りの所作」は和食ならではのコツがあります。お椀から外した蓋を、即取り去るのではなく「わざと数秒間の時間をかけて、お椀から引き離す」というワザです。

その間に、蓋の内側についた水滴を、お椀の中にあえて落とすのです。

こう書くと高度な技に聞こえるかもしれませんが、やり方はいたってシンプル。

蓋をお椀から外したら、「の」の字を描くようにゆっくり回して数秒間待ち、お椀からゆっくり引き離します。この一連の所作が自然にできるととてもエレガントです。

開けた蓋は、**「裏返しにして」「外側に置く」が原則**。蓋を裏返して置くのは、蓋の裏側に残った露が、机やお膳を濡らす事態も避けられるからです。

裏返した蓋は、右手で取ったものは、右奥へ。**つまり「お椀の外側」が、お椀の蓋の定位置となります。**

蓋を開けるタイミングも重要です。基本は「目上の人が蓋を先に開けてから」。和食は「立場の序列」を重んじるので、お若い方は特にご注意くださいね。

汁物の身上、「出汁」を最初に味わう

蓋を外したら、まず真っ先に、一口、「お出汁」を味わいます。

両手でお椀の側面を持ち上げ、お椀に口をつけてお出汁だけをいただいてください。

なぜかというと、「お出汁」とは和食の「きほん」の「き」に相当するから。

その店の格や力を示す、いわば「顔」のようなものなのです。

だから、蓋を開けた瞬間に立ち上る香りも含め、お出汁を重んじる姿勢がつくり手へのリスペクトにつながります。汁物の具をいただくのは、そのあとです。

最初に「100%お出汁だけ」をいただきましょう。

また和食では「すぐに食べられる温度」で料理が供されるのが原則です。

汁物については「フーフー」と口をとがらせて息を吹きかけ、冷ます必要はありません。ほぼ適温なので、静かにお出汁を味わいましょう（ここで飲み尽くしてしまう必要はありません）。

お出汁を味わったら、次は具をいただきます。

お出汁と具を交互にいただくもよし。飾りに見えるような花も、実は食用。前にもお伝えした通り、汁椀の中は基本的にすべて食べ尽くすことができます。

このときは、もちろんお箸を使ってＯＫ。蓋を外したら、両手でお椀の側面を持ち上げ、次に左手だけでお椀を持ち、箸を持ちます。

なぜ「茶碗蒸し」というの？

ここでひとつ、同じく蓋がされた状態で提供されることの多い「茶碗蒸し」にまつわる豆知識をお話ししておきましょう。

「いったいなぜ『**茶碗蒸し**』というの？」
そんな疑問を覚えたことはありませんか？

そもそも「茶碗蒸し」とは、中国から長崎に伝えられて発展した郷土料理「卓袱《しっぽく》料理」のひとつとされています（諸説あり）。

伊予松山の藩士・吉田宗吉信武《そうきちのぶたけ》がそれを食べて感動し、「吉宗《よっそう》」という名の茶碗蒸し専門店を開業し、広まった、というのが定説です。

その後、春雨を使うのが特徴の「鳥取バージョン」や、うどんが入った「信太《しのだ》蒸し（おだまき蒸し）」、豆腐を具材にして仕上げにくず餡《あん》をかけた「空也蒸し」など、茶碗蒸しのさまざまなバリエーション料理が生まれていくことになります。

それは「茶碗蒸しが日本各地で愛された」という証拠なのでしょう。

そんな人気者の「茶碗蒸し」ですが、**実は「蒸し物」としてではなく、「汁物」（吸**

い物）として提供され、箸で食べられていた時期があります。

つまり、箸でプリン状の「茶碗蒸し」をぐるぐるとかき混ぜ、具以外の部分を流動食状にして「お碗に口をつけて飲むように食べる」献立だったのです。

だから、今でもその名残で「湯飲み」のような器に入っていることが多いのです。

実際、茶碗蒸しの出来上がりは非常に熱いものですから、「箸で崩して、ドロドロにして食べるスタイル」は、内部の熱を逃がすという意味でも合理性があるように感じます。

もちろん今となっては、わずかな資料しか残されておらず、茶碗蒸しの真実について確かめる術《すべ》はありません。

しかし、その起源や長い歴史に思いを巡らせることができるなんて……。

「料理」とはなんと奥深い〝芸術〟なのでしょうか。

食べにくそうな
尾頭付き焼き魚、
どこから食べる？

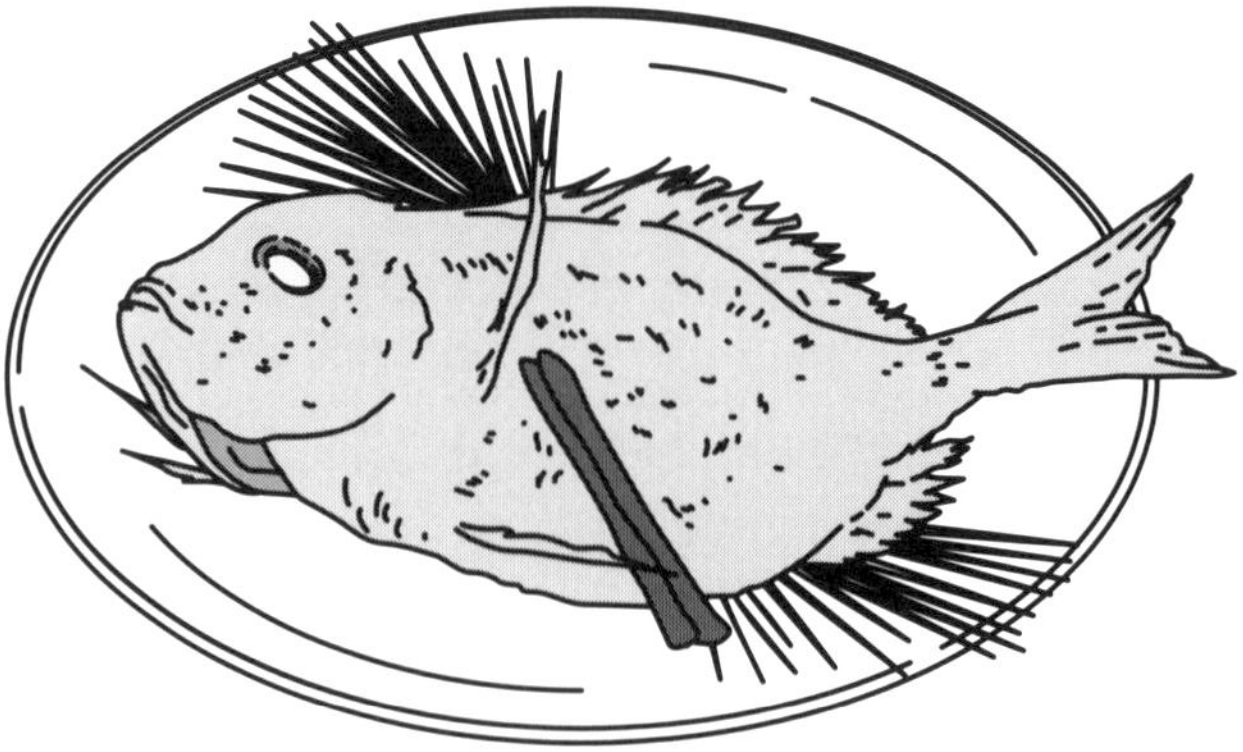

答え

頭から尾です

美しく食べるために懐紙を使いましょう

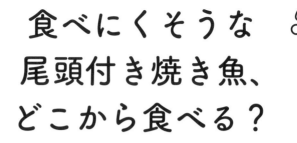

「尾頭付き魚コンプレックス」とは、もうさようなら

「できるだけきれいに食べているつもりだけれども、自信がない」

同じ魚であっても、食べやすいお造りはともかく、「骨がついたままの、尾頭付きの焼き魚」の食べ方については、苦手意識を持っている方も多いようです（「切り身」ではなく、一匹丸ごと、「もとの姿のままの魚」のことを**「尾頭付きの魚」**と呼びます）。

なかには、どんなに豪華な「鯛《たい》の塩焼き」を出されても「周囲の目が気になるときは、手をつけずに下げてもらう」。そんな女性も珍しくはないとか。

確かに、お見合いや大事な取引を伴う接待の場などの人生を左右しかねない場で、マイナスに評価されることを恐れる気持ちはわかります。

でも美しい食べ方は、きちんと要点を押さえれば難しくありません。

3大食べ方ポイントは「左から右」「懐紙の活用」「骨への注意」

尾頭付きの焼き魚を正しくエレガントに食べることは、けっして難しくありません。

「一本の背骨（中骨）が通り、表面と裏面がある」という魚の構造を意識したうえで、**「左から右に向かって箸をつけていく」**という原則、「懐紙」を使い、「骨」への注意をするという3つの要点を押さえます。

ちなみに「切り身」の焼き魚を食べるときも、**「左から右ルール」**でいただきます。

左から右とは、頭から尾、ということです。

また、魚を美しくいただくときに**懐紙**は欠かせません。

魚に懐紙を置いてから指で押さえて身を取れば、手の汚れを防げます。

食べ終わったあとの「骨」に懐紙をかければ、食卓の美観を損なわずに済みます。

そう、この「骨」にもご注意ください。大きな骨はもちろん、小骨にもご用心を。

魚の身を口に入れる前に、骨をできるだけ丁寧に取り去ることが大事です。万一、口の中で骨を感じたら、懐紙で口元を隠し、箸か指でつまんで外に出し、皿の一か所にまとめておきましょう。

「口に一度入れたものを出す」というのは基本的にはマナー違反ですが、骨については例外です。「恥ずかしいから、今まで小骨は飲み込むようにしてきました」という生徒さんがいて驚きましたが、とても危ないこと。

懐紙で口元を隠しさえすれば、まったく失礼ではありません。

まずは「ひれ」を抜くことから始めよう

では、いよいよ実践編。魚の食べ方をご説明します。

「尾頭付き」の場合、頭が左、お腹の部分が手前になるよう、皿に盛り付けられます。

「左から右ルール」に従い、頭の付け根から尾のほうに向かって、箸で切れ目をつけたり、骨をよけたりしながら、取った身をほぐして一口サイズに整え口に運ぶ……。

おおまかに、そうイメージしてください。

なお、尾頭付きの魚には、背骨を境目として「表面」と「裏面」がありますが**「ひっくり返さずに両面食べる」**のが原則です。

【裏返さない！　尾頭付きの焼き魚のきれいな食べ方】

①飾りを取る

魚の盛り皿にある「飾りもの」を皿の端に寄せる。

（魚に飾りものがつけられている場合があるため。箸はもちろん、手を使ってもよい）

②「ひれ」を取る。懐紙を半分に折って頭に当て押さえる

もともと、ふわっと二つ折りになっている懐紙を、さらに横半分に折り、正方形の形に近づける。

懐紙を魚の頭に当てて押さえ、「背びれ」「胸びれ」「腹びれ」などの「ひれ」を箸で取り、皿の端にまとめる。

（ひれ類は、すっと抜ける。魚好きな方は食べてもマナー違反ではない）

③「表面」を食べる

箸で魚に切れ目をつけたりほぐしたりしながら、身を少しずつ取りながらいただく。

骨をよけ、一口サイズに細かくしながら、口に運ぶ。

魚の頭（左側）から、尾（右側）に向けて、身を取っていく。

背骨をはさんで上側（背中側）、下側（腹側）と交互に箸を動かす。

（このとき魚の表面の真ん中に、切れ目を入れて半分に割ると、全体がほぐれ食べやすくなる。マナー違反ではないが、縁起を担いで「半分に割る」ことを嫌う人もいる）

④「裏面」をいただくために、背骨を外す

「盛られた形をできるだけ崩さない」のが和食のルール。だから裏面も、ひっくり返さずに食べる。

裏面には、背骨（中骨）がぴったりとくっついている。それを外しさえすれば、魚をひっくり返さず、裏面まできれいに食べ尽くすことができる。

懐紙を魚の頭に載せて押さえ、同時に箸で身から背骨を浮かせるようにして外す。外した骨は、皿の端にまとめる。

⑤「裏面」を食べる

背骨を取り去った裏面の身を、左から右にいただく。小骨に注意する。

⑥後始末をする

魚の皮、骨などを1か所にコンパクトに集める。懐紙をかけて、見苦しくないようにする（懐紙は食事中に使ったものでもよい）。

懐紙がない場合は、魚の下に敷いてあった葉などをかぶせる。

❶

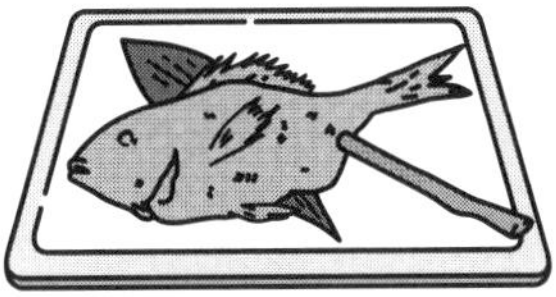

❷

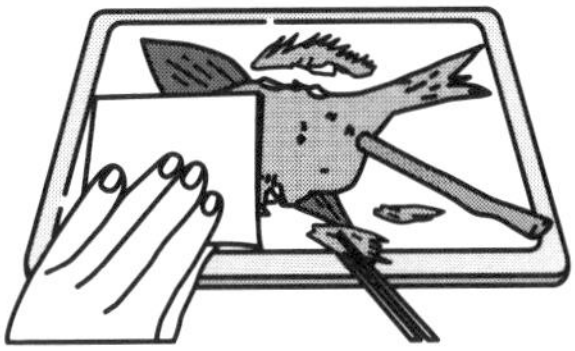

❸❹

❺

❻

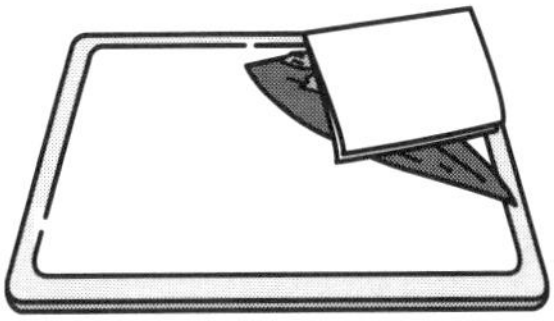

どうしてご飯が最後なの？

答え

酒止めの合図です

会席料理のゆえんです

最後に出てくる「ご飯」「汁物」「香の物」

ここまで、個別にいくつかご説明をしてきましたが、和食のコース料理である会席料理はおおよそ次のような順番で出されるのが一般的です（店や料理人によっては、内容や順番が異なることがあります）。

❶「先付け」（前菜のようなもの）
❷「お吸い物」（すまし汁が一般的）
❸「向付け」（お造り）」
❹「焼き物（魚介）」（コースのメインとなる）
❺「煮物」
❻「強肴《しいざかな》」（天ぷらなどの揚げ物、茶碗蒸し、酢の物など）

❼「ご飯、汁物、香の物」（総称して「食事」とも呼ぶ）
❽水菓子（本来は「果物」という意味）、甘味

とはいえ、この順序を丸暗記する必要はまったくありません。

「会席料理」の起源を考えれば、この並びについて、すんなり理解したり、記憶したりすることができます。

また、次のような疑問を感じている人もいるのではないでしょうか。


「なぜ、食事の終わりかけにご飯が運ばれてくるの？」


そのお気持ちはよくわかります。なぜ食事の最初から白いご飯を食べないのか。理由があるなら知りたいですよね。

「会席料理」とは、もともと酒宴向きの料理を指し、現代でも「お酒を楽しむための酒菜で構成されている」と言ってもよいくらいです。

ですから、食事の最初から酒が提供されます。

食事の順序は、おおまかに「前菜」「お造り」「焼き物」「煮物」。

そこから「お酒タイムは終了。本格的な〝お食事〟を始めますよ」ということで、**「ご飯」「汁物」「香の物」という3点セット**が出されるのです。

一方、「会席料理」のもととなった**「懐石料理」は、茶道から派生したもの。**

つまり「お酒」ではなく「お茶」を味わうことが大きな目的です。

（本格的なお茶とお酒を、同時に楽しむのは難しいことです。場合によってはお酒が出されることもありますが、本当にごく少量です）

だから、「会席料理」とは真逆で「ご飯」「汁物」「向付け」から運ばれることになっています。

・会席料理…お酒を楽しむことが目的なので、「ご飯」は大方の料理を終えてから、あとのほうで提供される。

・懐石料理…お茶を楽しむことが目的なので、「ご飯」は最初から提供される（※現在では「茶懐石」とも呼ばれている）。

実際、❼の段階で出てくる「汁物」のことを「止《と》め椀」と呼びます。

「お酒のための料理は、これで終わりですよ」という意味です。

ですからお酒を飲んでいる場合、その時点で飲酒をやめるのが礼儀になります。

また、このタイミングで熱いお茶が運ばれてくることもあります。

どんなにカンの悪い人でも、恥をかかないように「あっ、そろそろお酒はおしまいだな」と気づける親切な仕組みになっているのです。

この「お酒は終わりですよ」というサインについて、とある有名老舗《しにせ》ホテルの仲居のSさんに、こっそり教えてもらった話です。

現在は超ベテラン仲居のSさんですが、若かりし頃、この「お酒終了のサインとしての食事」を出すタイミングをうっかり誤り、お客さんに叱られたご経験があるのだとか。「酒をやめろというのか」と言われたのだそうです。

お客様にとってみれば「お造り」「焼き物」「煮物」……という一連の料理を、たとえ済ませていても、お酒を飲みながら、話を続ける必要がまだあったのかもしれません。

なぜなら、当時の会席料理は敷居が非常に高く、顧客の多くは政財界の大物クラスの人たちだったからです。

それこそ政局を変えるような重要な事柄が、話し合われていたのかもしれません。

ハレの日の「お米は汚さない」原則

ご飯の食べ方についてもお話ししておきます。

「ご飯の食べ方なんて、知っているわ」と言いたくなるかもしれませんが、❼の食事（ご飯、汁物、香の物の総称）には、独自の原則が存在します。

まず、「ご飯」についてです。


注意してほしいのは「香の物」を「ご飯」の上に載せないこと。

このルールは、「真っ白なお米を汚さない」という米を尊ぶ精神の表れです。

ここでは家庭での食べ方とは異なります。

言わずもがなですが、かじった「香の物」を器に戻すことも、控えましょう。

また、ご飯のおかわりをすすめられたときに、お願いするのはおかしいことではありません。ご飯茶碗を両手に持って渡しましょう。

通常、ご飯茶碗はお店の方が膳に置いてくださいますが、ご飯茶碗を受け取った場合、そのまま箸を取って口に運ぶのはＮＧです。いったんテーブルかお膳に置いてから、いただきます。（ご飯茶碗を受け取ってすぐに手をつけると「そんなにお腹がすいていたのか」「そんなに食べることが好きなのか」と誤解されかねません。「食いしん坊アピール」は控えめにしておきましょう）

お米一粒を大事にするのが〝日本人〟

「ご飯」とは、すなわち「お米」です。

昔から日本人は、米を一粒一粒に至るまで大事に扱ってきました。

「米」という漢字を分解すると「八十八」になります。これは、お米を育て上げるまでに88の作業があることを表すのだそうです。

「お米を残すと罰が当たる」と叱られた経験をお持ちの人も多いのではないでしょうか。

日本人にとっては、米の一粒一粒が輝く「いのち」。

そんな**「いのちを重んじる民族性」**を頭の片隅に入れておくと、ご飯の「理想的な食べ方」は、おのずと導き出せるはずです。

寿司屋で「魚が新鮮だからうまい」と言ってませんか？

答え

寿司は技の料理

寿司の歴史をひもとくと粋な食べ方がわかります

寿司とはもともと、保存食だった!?

ここまで和食の「会席料理」について見てきました。さらに、接待などの社交の場で活用されることが多い**「寿司」**についても、その食べ方の作法についてお話ししておきましょう。

寿司は、今や日本文化の代名詞のひとつ。「ＳＵＳＨＩ」として世界の共通語になるほど、人気の料理です。

とはいえ、その定義や歴史まで理解ができている人は、少ないかもしれません。

本書では基本的な教養をお伝えしていきます。

寿司の定義は、「酢飯」と「ネタ」（主に魚介類、野菜、卵）を握り合わせた和食のこと。そのおおもとのルーツは、東南アジアとする説が一般的です。

山岳地帯に住む民族が、入手の難しい魚を長く保存するために生み出した「熟鮓《なれずし》」という発酵食品が、寿司の起源。

「海水に浸った魚が自然発酵し、酢漬けのようになる」そんな発見から生まれたとされています。

今でも愛されている郷土料理、滋賀県の「鮒《ふな》寿司」、秋田県の「ハタハタ寿司」なども、この「熟鮓」の一種です。

日本に「熟鮓」が伝わったのは奈良時代。その技術が中国経由で、稲作と共に伝来したとされています。当時は、甘酢で味付けをした米飯に、フナやアユなどの川魚を載せて一晩寝かせた**「保存食」**でした。

時代が進むにつれ「熟鮓」は広まり、鎌倉時代には「残りものの魚」を利用した熟鮓まで現れるようになります。

「江戸前寿司」の原型は、屋台のファストフード

そして江戸時代中期。発酵させる必要がない寿司、つまり今の「握り寿司」と同じタイプの「早寿司」が誕生します。

つまりそれまでの「保存食」としてではなく、つくってすぐに食べるタイプの**「ファストフード」**として普及したのです。

「江戸前（東京湾）で獲れた新鮮な魚介類を、わざわざ塩に漬けて保存食に加工する必要はないのでは」と、握り飯に刺身を載せたのが、その発端。

「巻き寿司」「棒寿司」など、さまざまな形の寿司があったそうです。なかでも人気は「箱寿司」だったとか。

江戸時代後期、つまり１８００年代の前半。

今の「握り寿司」の原型がようやく現れ、短気な江戸っ子たちの人気を集めます。創案者は、初代華屋與兵衛《はなやよへえ》（1799〜1857年）というのが通説。ですが「同時代の握り寿司職人は他にいた」という説もあります。「與兵衛は握り寿司の大成者だった」というのが適切かもしれませんね。

それから江戸の寿司は「握り寿司」が主流となります。

その場で握り、すぐに食べさせてくれる屋台の大流行が、その大きな一因です。

この**「ファストフード的な速さを追求するサービス精神」**は、寿司屋の本質として大事なところ。食べる側も、それに応えることが**「粋」**。この原則を、ぜひ覚えておいていただきたいと思います。

握り寿司の屋台は、今とは真逆で「客が立ち、職人が正座して寿司を握るスタイル」だったとか。この業態は、1939年、「道路交通法」「公衆衛生法」によって取り締まられるまで、非常に長く続きました。

さて当時の江戸は、100万人が暮らす世界的にみても大規模な〝都市〟でした。

前にもお話ししたように、単身の男性も多かったそうです。「握り寿司」は押しも押されもせぬ人気の〝おひとりさまメニュー〟として不動の地位を築きます。それも「朝昼晩の三食以外の食事」、つまり「軽食」「おやつ」といった感覚が、昭和の時代まで続くことになります。現代のファストフードとよく似ていますね。

当時の「握り寿司」は、江戸前で獲れた魚介を下処理したネタと、酢や塩で味付けした寿司飯でできており、その大きさは今の約2〜3倍。現代の「おむすび」級の大きさだったため、切り分けて食べるというスタイルでした。

また「江戸前」で獲れた魚介を扱うことから、「江戸前寿司」と呼ばれるようになりました。

その後、漁法や製氷技術、流通などの発展とともに、江戸（東京）を中心として寿司屋は発展。大正12年の関東大震災の影響で、江戸（東京）に一局集中していた寿司職人は全国に散らばり（いわゆる「Uターン就職」のようですね）、「江戸前寿司」は全国で支持されるようになっていきます。

全国で300店とも言われるほど多くなった寿司店でしたが、太平洋戦争が始まる昭和16年、お米と魚が配給制になると、状況は一変。終戦の頃には多くが閉店に追い込まれます。

戦後、飲食店への規制が強化され、寿司店として営業できなくなった寿司屋の主人が、配給される1人前の「1合」の米を受け取り、寿司に加工して販売する「委託加工」というわばテイクアウトの寿司を始めます。そのとき、1合の米を10貫の寿司にして販売したのが、現在も続く「寿司1人前は10貫」のなごりと言われています。逆境で生まれた知恵だったというわけですね。

昭和20年代になると、戦後の経済成長とともに寿司屋は〝社交の場〟として発展を遂げます。

カウンターの前に冷蔵ショーケースを設置し、職人が客と会話をしながら寿司を握るという「高級寿司屋」スタイルが定まったのは、この頃です。

寿司／鮨／鮓　3つのすし

さて、総括しておきましょう。

寿司には**〝保存食〟**としての寿司と**〝ファストフード〟**としての「早寿司」。

両極端なふたつの〝顔〟が存在します。現代のカウンターでいただくタイプの寿司は「早寿司」の流れを汲《く》むものです。

そもそも「すし」の語源には諸説があります。

ひとつ目は「酸っぱい」という意味の形容詞「酸《す》し」の終止形だ、という説。

ふたつ目は「酢飯《すめし》」の「め」が取れて「すし」になった、という説。

定説はありませんが、その起源に思いを馳《は》せるだけで知的好奇心が刺激されますね。

そして、「すし」という言葉には3つの表記があることにお気づきでしょうか。そう、「鮓」「鮨」「寿司」という3種類です。

（本書ではここまで、便宜的に「寿司」という漢字で統一をしてきました）

①**鮓**……「熟鮓」などに使われる漢字。もともとは「塩や糟《かす》などに漬けた魚・発酵させた飯に魚を漬け込んだ保存食」を意味する。

②**鮨**…「鮓」と同じく古くから用いられる。元来、中国ではこの漢字は「魚の塩辛」を指す。

③**寿司**…江戸末期に考案された当て字。「祝いの言葉を意味する『寿詞《じゅし》』が起源」という説や、「『寿をつかさどる』という縁起担ぎに由来する」などの説がある。

3種類の漢字を比べるだけでも、寿司が刻んできた長い歴史をうかがい知ることができますね。

寿司は江戸前から生まれた「技術のたまもの」

「現代の『握り寿司』の前身が『保存を目的とする発酵食品』だったとは！」

「男性がひとりで気軽に〝立ち食い〟する、ファストフードだったとは！」

寿司の歩んできた歴史を改めて知り、目からウロコが落ちた人も多いのではないでしょうか。

「寿司にまつわる、ちょっとした誤解」はまだあります。

もしかしてあなたは、**「寿司のおいしさは鮮度がすべて」**と思ってはいませんか？

鮮度はもちろんですが、それだけではありません。なぜなら寿司とは「仕入れてきた魚介を、小さく切って、酢飯と握り合わせるだけ」ではないからです。

実はネタの下処理には、多大な手間暇と愛情がかけられているのです。

裏事情を明かすのは「粋」の反対、「野暮」の極みになってしまいますので、ほんの少しに留めておきますが……。

貝類の殻をむき、貝柱やヒモやワタを取ったり。魚を適温で寝かせて熟成させたり、捌《さば》いて塩を振ったり、酢や昆布で締めたり。自家製の秘伝のタレに漬け込んだり（これらの処置をして「置いておく時間」を見極めるのにも、長年の経験が必要です）。

また「火入れ」をする場合。その火加減の調節には、なんとも繊細なセンスやカンが求められます。

また寿司のネタのおいしさは「魚介の水分量をうまく飛ばすこと」で決まるとも言われます。「鮮度の追求」はもちろんのこと、「素材の水分量のコントロール」に、おいしさが左右されるものも多いのです。

つまり寿司とは「職人技の結晶」なのです。

「やっぱりネタの鮮度が一番！」

つい言いたくなるこんな台詞ですが、職人さんの技をよりよくほめられるようになりたいものです。

そもそも江戸時代の「握り寿司」は、冷蔵庫も冷凍庫もない時代に発達しました。「保存食」とまではいかないまでも、鮮度を保つため「酢で締める」「醤油に漬ける」などの加工法を編み出したのです。

また食中毒を防ぐ苦肉の策として、殺菌効果の高いわさびやガリ（ショウガ）などの薬味を、必ず一緒に出していたわけです。

冷蔵技術のない時代に「いかに安全でおいしい魚介を提供するか」。

江戸の寿司職人は、知恵を結集させ、技術に磨きをかけてきました。

現代の寿司職人もそんな歴史を継承してきたのだと思うと、なんだか胸が熱くなりませんか。

手で食べてよいは本当？

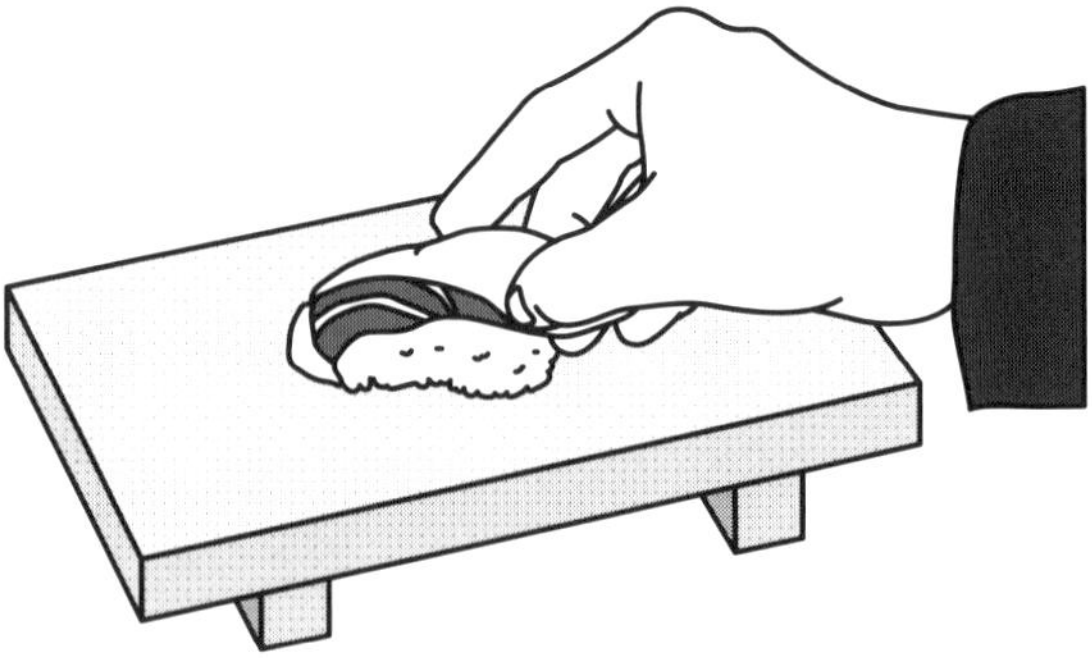

答え

本当です

板前の技を粋に受け取る、ひと工夫と考えて、
美しい指使いでいただきましょう

「寿司屋」という空間を心から楽しむために

ではいよいよ、寿司屋に入ってからの振る舞いについて見ていきましょう。

「寿司＝江戸時代から伝わるファストフード食」なのですから、堅苦しく考える必要はありません。

私のマナー講座で３００人以上の受講生をお連れした名店「銀座久兵衛」の親方（その寿司屋でトップの職人）は、「寿司を食べるのにマナーを気にしすぎる必要はないよ」といつも緊張を解きほぐしてくださいます。

「銀座久兵衛」とは美食家・芸術家の北大路魯山人や、作家・志賀直哉も愛した名店。ウニやイクラを初めて軍艦巻きにしたことでも知られています。

とはいえ「回らないお寿司屋さん」には、「回転寿司屋」とは異なる〝暗黙の礼儀〟があります。

「寿司を楽しむ」とは「おいしさを享受すること」だけを意味しません。「職人さんとお客が一体となってよい空間をつくりあげること」「職人技を粋にいただくこと」とも定義できます。

そうとらえると、どう振る舞えばスマートか。自分も周りも心地がよいか。おのずと答えは見えてきます。

最低限の心構えを知っておくだけで、安心してよりおいしくいただけたり、緊張しすぎずに済んだり、自由に振る舞えたりするのです。

どんなに高級な寿司屋に行っても、ガチガチに緊張していては、何を食べたかもわからず、時間もお金も、そして寿司という「いのち」の結晶も「もったいない」ことになってしまいます。

これは寿司に限らず、どんな料理の店についても言えることですが、「最低限の礼儀をわきまえること」は、その店や職人さんの技をリスペクトすることにつながります。

ですから、あなた自身が正しく振る舞えば、寿司を最高においしくいただけることはもちろん、職人さんからも喜ばれ、「粋な客」としてリスペクトされることでしょう。

なかでも寿司は「職人さんとの距離が最も近い料理」。

だからこそ、職人さんと信頼関係を築いたり、よりよいコミュニケーションを楽しめたりできれば理想的です。

最低限の作法を身に着け、場数を踏むうちに、寿司を楽しめるようになります。

時計をしたままカウンターに座らない

たとえば、**カウンターに座る際、腕時計やブレスレットなどのアクセサリー類は外すのが“常識”**です。

なぜかというと、一流の寿司屋のカウンターは、ひのきなどの高級建材の「一枚板」(大きな一枚の木)でつくられていることが多いから。目立つような傷をつけてしまっては大変だからです。

（普通の食べ方をしていれば、カウンターやテーブルなどを傷めることはありません）

香水などの強い香りも、寿司屋ではご法度。

もちろん、他の和食や洋食、中国料理の店についても言えることですが、寿司屋では特にこのルールは守りたいもの。なぜなら、寿司は「おいしさ」という味覚と同時に、「香り」を楽しむものでもあるからです。

強い香りをまとっていると、自分ばかりか周りのお客さんにも迷惑となってしまいます。

実際、「銀座久兵衛」さんは、内装やカウンターにひのきが贅沢に使われているため、入店と同時にフワッとよい香りがします。お寿司が出てくるまでは「木の匂いしかしない」と言っても過言ではありません。

言わずもがなですが、たばこも厳禁。禁煙の店がほとんどで、一般的には控えるべきでしょう。

「自分ですべて注文するコース」と「おまかせコース」

では寿司屋の予約の仕方、頼み方について見ていきましょう。

予約を入れるときは、できれば1週間、遅くても3日前には連絡をします。ネタによっては仕込みに数日間もかかります。また、予約の人数に応じて、仕入れを調整しているからです。

事前にアレルギーや食材の好き嫌いを伝えます。

入店するのは、約5分前。遅れるときはきちんと連絡を入れましょう。

入店したら、案内された席に座ります。親方（大将、ご主人）の正面のカウンター席が最上席で「常連が座るポジション」と言われます。

初めて訪れる場合でも、時間帯によっては、案内されることがあるかもしれません。

大将に近く、話しかけやすい席ですから、ラッキーですね。

寿司屋での食事の進め方は、大きくふたつに分かれます。

客が自分でネタを注文する「お好み」と、職人さんが客に合わせたメニューを考えて握ってくれる「おまかせ」（お決まり）です。

さまざまなマナー本には、「お好み」の場合、「味の薄いものから濃いもの、甘いもの」という順で頼むのが通例と書かれています。最初から濃いものを食べてしまうと、薄いものの繊細な味を堪能しにくくなる、というのがその理由。

でも、ちょっと待ってください。粋なお寿司屋さんで、順番やしきたりなどにとらわれず、そのときの気分で「食べたいもの」をいただきたくはありませんか？

隣のお客さんが食べているネタを見て「私も」という気持ちが湧き起こってくることもあるはず。ですから「味の濃淡」を気にしすぎず、自由に選んでよいのです。

実際、「銀座久兵衛」の親方は「その流儀でいい」と太鼓判を押してくださっています。

だって、逆の立場になって考えてみてください。

「味わってほしい特上のネタ」を豊富に用意しているのに、お客さんがルールにがんじがらめになって、迷い続けていたとしたら。

頼みたいものを注文するのを、ためらっていたとしたら。

「細かいことは気にせず、どんどん楽しんで！」とうながしたくなりませんか。

また「味の濃淡」という問題を解決する強力な助っ人がいます。**寿司に必ず添えられるガリ（ショウガ）です。**酸味のあるガリで、お口の中はいつでもリフレッシュが可能です。

だから、「濃い味のもの」の次に「繊細な薄味のもの」を食べても大丈夫。

もしガリが苦手な場合は、お茶で味覚をリセットしましょう。

さほど詳しくない場合は「おまかせ」コースがよいでしょう。慣れてきたら、ぜひ「お好み」にもチャレンジしてみてください。

昔から「マナー」「しきたり」などの「型」は、数多く存在します。

でも、実はすべてを踏襲する必要なんて、ないのです。マナーを教えている私がそんなことを言うなんて、自分自身を否定しているように思われるかもしれませんね。

でも、時代の変化とともに無意味になっていく「型」は多いものです。

また「型」にとらわれすぎることで、気持ちに余裕がなくなったり、笑顔が消えたり……。「型」にはマイナスの副作用が伴うことも珍しくありません。

だから大事なのは「現代でも守りたい型」と「状況に応じて変えてよい型」を見極めること。

本書を読んでそれぞれの「食文化」の背景にある歴史を身につけていただければ「現代でも守りたい型」はおのずと浮き彫りになるはずです。

できれば手がよい。寿司は「粋を受け取る」食事

「じゃあ寿司をいただく場合、『現代でも守りたい型』ってなんだろう？」

そんな問いが心に浮かんできたのではないでしょうか。

答えは、今からお伝えする**「素手で、3秒で、一口で食べる」**という食べ方です。

昨今のグルメブームの影響で、数多くのメディアが「寿司を食べるときは箸？　素手？」という問題について取り上げ、解説をしています。

「手で食べたほうが、酢飯が崩れにくい」

「箸で食べたほうが、ネタの温度が変わりにくい」

そのメリット、デメリットを比較すると一長一短。

「箸を使ったほうが上品」という考え方もあるようですが、私がおすすめしたいのは断然「素手」。

私は、職人さんが寿司を握って台の上に置いた瞬間に、素手で取り、3秒以内に食べ始めるようにしています。この速度が、寿司のおいしさを少しでもキープしてくれて、目の前の職人さんの技術に敬意を表すことに直結するからです。

つまり**「素手」こそ職人さんの技を粋に受け取るための最上の「食べ方」**。

「食通」と称される人たちは、例外なく「3秒以内」に食べています。

実際、寿司のネタは、空気に触れた瞬間から乾燥と酸化、変色が始まると聞きます。秒単位でネタの鮮度が失われ、おいしさも減り始めます。

そのような「劣化」を防ぐために、職人さんはさっと手早く握るのです。「職人としてのいのち」をかけて、米や魚などの「いのち」を握ってくれるわけです。

1貫を握るのに約5秒ほどとのこと。そのスピードと精確さは神業《かみわざ》レベルです。

そもそも一人前の寿司職人になるには、人によりますが10年程度かかるというのが定説。

それほど時間をかけて習得した技術を、発揮してくださっているというのに……。供された側である私たちがのんきにゆっくりいただいていたら、せっかくの寿司がもったいない。3秒ルールで口に即運ぶ「食べ方」こそ、職人さんに精一杯の敬意を表すことになります。

また、たいていの寿司は一口でパクッと食べられるものです。米の量から、握り方、ネタのサイズまで、「一口」で食べきったときにおいしいように計算し尽くされています。

「二口以上」で食べる場合は、酢飯の部分や、ネタをかみ切ることになります。それは寿司の「崩れ」「こぼれ」の原因になりますし、見た目にも美しくありません。

「素手で食べたら、指にご飯粒がつくでしょう？」

そんな声も聞こえてきそうですが、大丈夫。おしぼりとは別に、「指先をきれいにするための小さめに折り畳んだ〝お手ふき〟と呼ばれる布」が必ず添えられています。寿司を1貫食べるごとに、それで指先をぬぐい、汚れを落とせます（洋食の「フィンガーボウル」と同じ考え方です）。

もし、目上の人と話していて、相手がなかなか寿司に手をつけない場合。相手との会話が一瞬途切れた瞬間に、「おいしいうちに」などと自然にうながすことができればいいですね。

一方「上下関係のない人との会食」や「自分が接待される側」の場合は、遠慮せず、率先していただいてかまいません。

「寿司の写真を撮りたい」という場合は、何カットも撮るのではなく、なるべく1回で終えるようにしたいもの。

また、入店した際に「写真を撮らせていただいていいですか？」と許可をもらっておくと、スムーズかつスマートです。

✧ 酢飯の塩気で本当は十分

また寿司の味付けは、「そのまま」が一番です。醤油など、自分で付け足すタイプの調味料も供されますが、「そのまま」いただくことを前提として職人さんが下処理や味付けを施しているため、使わないのが「粋」です。

使いすぎると「too much」になるばかりか、職人さんに「味のわからない人なのかな」と誤解されてしまうことも。

このあたりが「足し算」志向の洋食とは、正反対の考え方です。

とはいえこれも厳格なルールではありません。

「しっかりとした味付けが好き」という人は、醤油もセルフでつけてかまいません。

醤油をつけるときは、ご飯（酢飯）ではなくネタに直接つけるようにしましょう。

ご飯につけると、醤油が浸透しすぎてせっかく握った酢飯が崩れてしまいます。

わさびが苦手な場合、もちろん「わさび抜き」と事前にお願いすることもできます。

でも、一流の寿司屋のわさびは、本わさびをすり下ろしたもの。よくある市販の「チューブ入りわさび」とは〝別物〟と認識したほうがいいくらい、おいしいものです。

久兵衛を訪れたことがきっかけで「わさび嫌い」を克服し、「わさびファン」になった人を、私は何人も見てきました。何についても言えることですが、ぜひ「本物」に触れてそのよさを堪能してほしいと思います。

寿司屋の「つけ台」の位置は？

寿司屋ビギナーさんが不思議に思うアイテムの代表格が、「つけ台」（寿司台、寿司盛り台、〝ゲタ〟と呼ぶ人もいます）です。

職人と客とのちょうど真ん中の距離に置かれていることから、自分から少し遠い位置に感じる人もいるかもしれませんが、でも、その**「ちょうど真ん中」が定位置**なのです。

この「つけ台」をカウンターから下ろしたり、自分の側に引き寄せすぎないようにお気をつけください。

もちろん、職人がそのような振る舞いを注意することなどありません。客に悪気があるわけではないからです。

粋と言えば、親方によれば、着物姿でふらりと現れ、2～3貫を素手でさっとつまんで帰られるお客様もいらっしゃるのだとか。

「気負わずカジュアルに頻繁に、寿司屋のカウンターを訪れる」

昔の江戸っ子を彷彿《ほうふつ》とさせる、そんな食のライフスタイル。ちょっと真似してみたいですね。

「お愛想を」は失礼な言葉!?

答え

本当です

「愛想」は店側の
謙遜の言葉がその由来です

つい使ってしまいがちな「お愛想お願いします」

寿司屋に限らず、飲食店で「お愛想お願いします」というフレーズを耳にしたことはありませんか？

もしくはあなた自身、このフレーズを「お会計をお願いします」という意味で使ったことはありませんか？

実は「お愛想」とは、本来は店側が使う言葉です。店側が「どうも〝愛想〟がなくってすみません」と、お客様に対して、へりくだる（自分たちを低める）ニュアンスで使う言葉なのです。

「おあいそ」という4文字を丁寧に現代語に訳すと……。

「本日はお店に来ていただき、誠にありがとうございます。せっかく来ていただいたのに、お会計のことを申し上げるなんて愛想もないことですが、この失礼をお許しください。

またのお越しを心よりお待ちしております。このたびは誠にありがとうございました」

このような意味が込められているのです。ですから、「お愛想」という言葉を客が店側に使うと、その店に対して「愛想が尽きた」と言っているのとよく似たこと。本来の意味を考えると、失礼な物言いなのです。

高級店で「恥をかきたくない」「できれば〝通〟ぶりたい」という気持ちは、誰にでも少なからずあるもの。

「私は知っていますよ」と業界用語をひけらかしたくなる気持ちはわかりますが、店側からすると「そんなに頑張って業界用語を使ってくださらなくても大丈夫」というのが本音。それどころか「素人なのにわざわざ業界用語を使いたがるなんて野暮」と見なされてしまいかねません。

使えば使うほど「知ったかぶり」に見える損ワード

「本来店側が使う業界用語（隠語、符丁）を、客が好んで使いたがる現象」は他にもあります。

たとえば、お茶は「あがり」。醤油は「むらさき」、ショウガは「ガリ」、玉子焼きは「ギョク」など……。

このような業界用語が身にしみ込んでいて、「無意識レベルで口をついて出てしまう人」はさておき、そうでない場合。通常の言葉を、業界用語にわざわざ言い換える必要はありません。

私の生徒さん、60代女性の経営者・Uさんの話をご紹介しておきましょう。

Uさんの会社は、アートを扱っています。

「私は芸術には詳しいけれども、一流の店での食べ方についてはあまり学んでこなかった。いい年をして『知らない』というのは恥ずかしいから、身につけておきたい」

彼女は、長年そんな負い目を感じていたそうです。そこで私は、Uさんを「銀座久兵衛」にお連れして、実地で研修をさせてもらいました。

カウンターに座ったUさんは、私にこう尋ねてくれました。

「千恵美先生、ご飯を小さめに握ってほしいと職人さんに伝えるには、なんと言えばいいんでしょう」

「そのままの言葉遣いでいいんですよ」と何度お答えしても、Uさんはためらい続けています。

「だって、こんな高級店で『ご飯』なんて言ったら、『ものを知らない』といって陰で笑われてしまいそう」

その声が耳に入ったのでしょう、親方が優しくこう答えてくれたのです。

「お客さん、ご飯は〝ご飯〟。わざわざ〝シャリ〟なんて言わなくていいんですよ」

私は、親方の心遣いと優しさに感激しました。

親方と私たちとの会話は続きました。

「でも親方、お茶は、やっぱり〝あがり〟って言ったほうがいいんでしょ？」

「お茶は〝お茶〟です」

「お醬油は〝むらさき〟でしょ？」

「お醬油は〝お醬油〟でいいんです」

「……じゃあ、寿司の〝ネタ〟はなんて言うんですか？」

「そりゃ〝魚〟だよ！」

このように、一流店の親方がおっしゃるのですから、間違いありません。

業界用語を使うことで「粋」からむしろ遠ざかることもあると心に留めておいてください。

板前と話してもいい、会話も「寿司を食べる」という体験

寿司屋ほど、客と現場の職人さんの距離が近い飲食店はありません。職人さんたちとの会話のキャッチボールを楽しみましょう。

また職人さんも一流になればなるほど、会話の大切さを認識しているもの。ときには寿司のネタにちなんだ駄洒落《だじゃれ》まで盛り込みながら、おしゃべりをしてくれる人も珍しくありません。

たとえば私が「銀座久兵衛」さんのカウンターで、数人の生徒さんたちに研修をしているとき。そばにいた親方に「そんなことになっちゃあ、一巻（寿司の「一貫」にかけている）の終わりだよ」と鮮やかに返され、その話術（トークのスキル）に「さすが！」となったものです。

歴史をひもとくと、握り寿司を愛好した江戸っ子たちも、駄洒落（当時は〝地口《じぐち》〟

とも言いました）や新しい言葉などを考えるのが大好きだったそうです。
そもそも「寿司」も、縁起のよい漢字を当字にしたものですよね。

テーブルに書類はNG、「寿司のためのもの」

また寿司屋のカウンター（テーブル）の上は「引き算の美学」でいきましょう。ミニマリズム（最小限をよしとする美学）を具現化する場ですから、**「寿司のみ」**という状態が理想です。

たとえスマホで写真を撮らせてもらうにせよ、撮り終わったあとは「椅子の背もたれと背中の間」に置くなどの配慮が必要です（カウンターは、貴重な一枚板ですから傷をつけては大変です）。

またよくあることなのですが、せっかくカウンターに座らせてもらっているのに、ファイルやプリント類を出して、商談を始める人がいます。

その時点で、ビジネスパーソン大失格！

寿司屋で真剣に商談するとは、野暮の極みです。

「寿司屋では、寿司を味わい、会話を楽しむ」、そんな当たり前の礼儀を忘れずにいたいものです。

職人さんに一目置かれる質問

初めて寿司屋を訪れたときに意外としてしまう質問の筆頭は、**「おすすめは何ですか？」**というものだそうです。

「謙虚に尋ねているのに、何がいけないの」と不思議に思われるかもしれません。でも、理由を知ると納得できるはず。

職人さんは基本的に、「おすすめのネタ」しか用意をしていません。そこに全プライドをかけているわけですから「うちのものは、すべておすすめですが……」と戸惑ってしまいます。ですから、一目置かれるためには**「旬のものは何ですか？」**と言い換えるとよいでしょう。

「旬」を重んじている姿勢が伝わると、「粋な客」という評価につながります。

そして、職人さんをダイレクトに喜ばせるのは、なんといっても「おいしい」という一言。**それも社交辞令やお世辞ではない、心から発した「おいしい！」です。**

気恥ずかしければ、面と向かって言う必要はありません。同席者と「おいしいわねぇ」「本当においしいわねぇ」と会話を交わすだけでも十分。職人さんは、客の声に常に耳をそばだてていますから、反応が特になくても、届いているはずです。

慣れてきたら、積極的に職人さんの目を見て「これ、おいしいですね」「おいしかったです」などと気持ちをストレートに伝えていきましょう。「客」として何度かお店に通ううちに、職人さんとの心の距離は確実に縮まるものです。

時間をかけてそういった関係を築き、常連になっていく。

一朝一夕にかなうことではありませんが、そういった馴染《なじ》みの店を一軒一軒増やしていく営みこそ、「教養」の本質。また人生の醍醐味《だいごみ》でもあります。

和食 phrase42

1. 和食は武士道に基づく家父長制が背景
2. 和食の精神は「いのちを大事にいただく」
3. 和食は季節感を大切にする
4. 和食は「もったいない文化」、残すことは失礼
5. 和食の背景にある「左上右下」の原則
6. 箸より器が先。「器ファースト」の原則
7. 「もろおこし（ふたつ以上の動作を一度にする）」はNG
8. 両手で器を持ち上げてから、箸を取る
9. ご飯が「左」でお味噌汁が「右」
10. 和食は「器を持って食べる」料理
11. 手を受け皿のように使う「手皿」はNG
12. 世界で「箸食」は30%（23億人）
13. 「お箸しか使わない国」は日本だけ
14. 箸は最小限のもので用を足す「ミニマリズム」
15. 最初の箸は、弥生時代のピンセット状に「竹を半分に折ったもの」
16. 現代の箸の様式は飛鳥時代から始まった
17. 箸留めを「破る」のは「縁を破る」を暗に意味
18. 箸置きから箸を手に取るまでの「三手」の美所作
19. 箸を持つ場所は「箸先から約3分の2」
20. 平安時代から続く「懐紙」をエレガントに使う
21. 和食の「旬」には「はしり」「さかり」「なごり」の3つがある

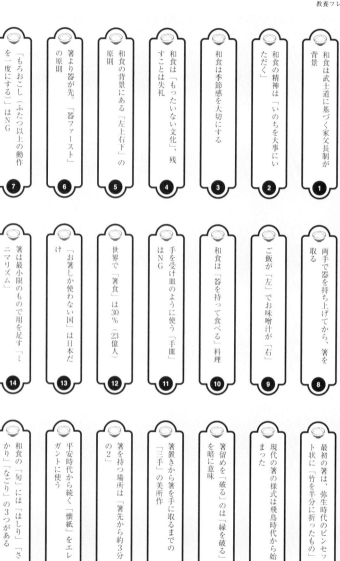

22 盛り合わせは「左から右」「手前から奥」の順に食べる

23 盛り合わせは「薄味のものから、濃い味のもの」の料理構成

24 椀物はお店の「顔」。夏は「露打ち」しその一口を大切にした

25 「露切りの所作」で椀の蓋は美しく開けられる

26 お椀の蓋は「裏返しにして」「外側に」置く

27 和食ではすべての動きは「目上（上座）の人が先」と心得る

28 椀物はまっさきに、一口「お出汁」をいただく

29 茶碗蒸しが湯飲みのような器のゆえんは昔飲むように食されたこと

30 尾頭付き魚は懐紙の出番、「ひれ」を外すことから

31 魚の身は「左から右に」食べる

32 魚の身は表面を食べたあと中骨を外し裏面をひっくり返さず食べる

33 「懐石料理」は、「お茶を楽しむ」茶道から派生

34 「会席料理」は、「お酒を楽しむ」ための酒菜で構成

35 懐石料理は現在では「茶懐石」と分けて表現される

36 最後に出てくるお味噌汁は「止め椀」「お酒は終わり」の合図

37 香の物をご飯の上に載せないのは「真っ白なお米を汚さない」精神

38 寿司は「保存食」がその由来、江戸時代はファストフードだった

39 寿司のおいしさは、鮮度と別に「職人」の技が必要

40 1人前10貫は配給1合を10貫の寿司に加工販売した歴史が所以

41 寿司は「素手で、3秒で、一口で食べる」が粋

42 「お会計をお願い≠お愛想」、「愛想」は店側の謙遜がその由来

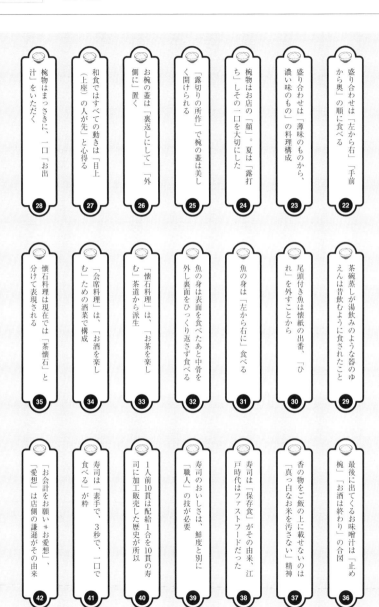

2章

洋食の教養

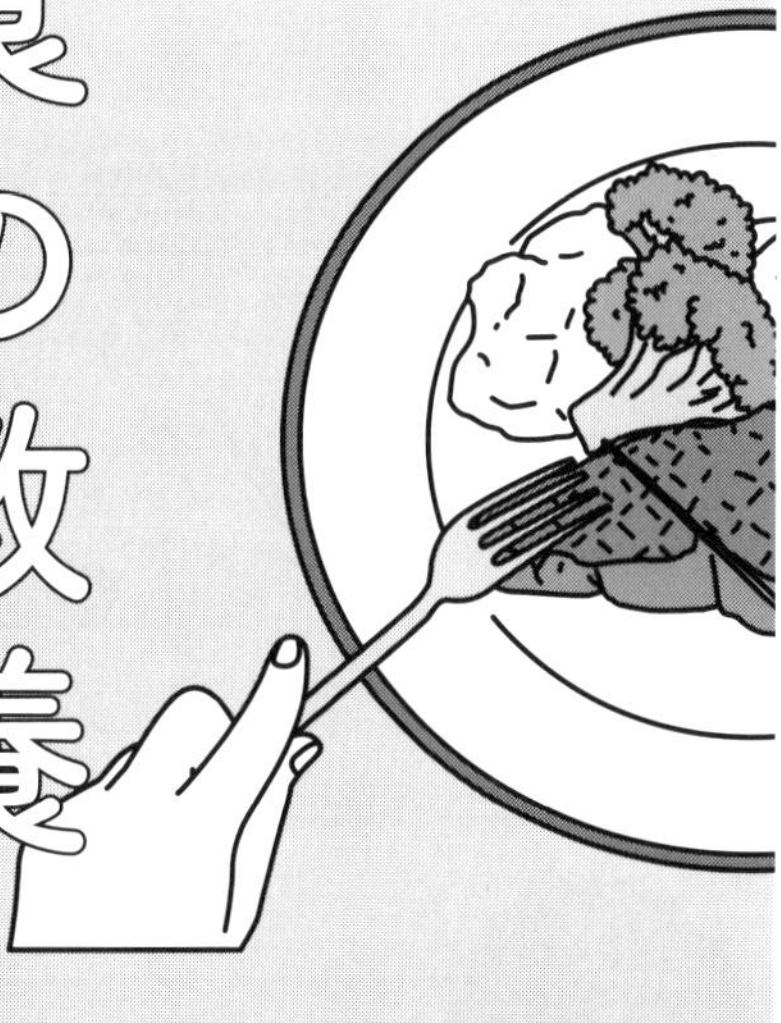

正式な席では、ナプキンを汚してはだめですよね？

答え

汚してOK

ナプキンはどんどん使うのが礼儀です

ナプキンは、和洋中すべての食事で活用できる

最初に**「ナプキン」**についてお話をしておきましょう。序章で、和洋中共通の食事作法として、ナプキンをきちんと使う大切さをお伝えしましたが、こちらで改めてお話ししてまいります。

ナプキンとは、テーブル着席時に折り畳まれて設置されている、白い布のこと。紙製のナプキンや、ビニール袋入りの「おしぼり」ではありません。

食事を美しく、合理的にいただこうとするとき、これほど便利なアイテムはありません。洋風のイメージが強いため、便宜上「洋食」の項で取り上げますが、和食、中国料理でも「テーブルでいただく料理」の場合、必ずと言ってよいほど提供されます。

その目的は、「食事中に衣服を汚さないこと」「汚れた口元や指先をふくこと」です。

和食のところでお話しした「懐紙（76ページ）とどう違うのですか？」というご質問もいただくことがありますが、懐紙は紙であり、ナプキンの場合、何度汚れをぬぐっても、「残骸」が出ない点がうれしいところです。

懐紙には、どうしても「使用後の処理の問題」がつきまといます。もちろんテーブルの上に置いておけば、店の人が気を利かせて持ち去ってくれますが、使いすぎると悪目立ちしてしまいます。自分のポケットにこっそりしのばせる手もありますが、やはり限度があります。

そもそもナプキンは「ひざの上に敷くことで、衣服を広範囲にわたって汚れからカバーする」という大役も担ってくれています。この「広範囲のカバー機能」は「懐紙」にはないものです。

ナプキンは「裏」を使う

ではナプキンの使い方について、具体的に見ていきましょう。

といっても、その使い方はかんたんです。**四角いナプキンを半分に折り、「折り山」（輪っかの部分）を手前（自分側）にしてひざの上に置くだけです**（重心が手前にくるため、ずり落ちにくくなるというメリットがあります）。

食事中、口元や指先をふく際、**折ったナプキンの「内側」を使います。**すると、その汚れた部分が目に入ることがありません。もし「外側」を使った場合、美しくないばかりか、そこに触れると汚れがさらに拡大しかねませんよね。

ナプキンは、裏側を使う。この基本の使い方を理解できていたら、ナプキンの「折り方」はさほど考えすぎなくて大丈夫。対角線で三角形に折ろうと、3分の1に折ろうと、ご自身の判断で結構です。

万一、ナプキンをひざから落としてしまったら、店の人に拾ってもらうようにしましょう。すぐにずり落ちてしまうと言う人もいます。確かにお洋服の素材によってはするりと落ちてしまうこともあります。そんなときには折り方を変えたりしてもいいでしょう。

食事中にやむなく中座する際は、ナプキンを椅子の上に置きます（汚れたものはテーブルより下に置きます）。

食事後は、ナプキンはテーブルの上に〝適当に〟畳んで置きます。これは「料理がおいしかったため、ナプキンの置き方にまで気が回りませんでした」という〝店への称賛〟を含意します。反対に、ナプキンをきれいに畳むと「料理やサービスに満足しませんでした」というメッセージになります。

いくら「汚れをふき取るための布」といっても、ナプキンの表側（目に見える部分）は使いません。その理由は、同席者の目に触れることを避けるためです。指先をふくにせよ、口元をふくにせよ、ナプキンの裏側を使います。

立派な布製ですから、ちょっと気おくれしてしまう気持ちはわかりますが、**洋食では、いわば「いちいち」口元をふくのが礼儀。**

ナプキンがどんなに汚れても、「業者さんが専用のクリーニングできれいにしてくれるのだ」と理解してください。ナプキンをきちんと使う、ということがなにより大事なのです。

広げるタイミングに注意

ナプキンで重要なのは、油分をふき取るという用途と、裏を使うという使い方、そしてもうひとつ、広げるタイミングです。

洋食の席に案内されて、さぁ、いつ広げましょうか。戸惑ったり、きょろきょろと周囲を盗み見したくなりますね。

答えは、**「食前酒を注文したら広げてよい」**というのが原則です。ただし、忘れてはならないのは、ビジネス接待の場面では特に「目上の人から」という条件が大前提です。

目上の人より先に広げてしまうと、「早く食べたい」と催促していることを意味し、「食いしん坊さん」のイメージを周囲に与えてしまいます。

グラスについた口紅はふき取りますか？

答え

ふき取りません

「グラスを見れば育ちがわかる」

日本では「箸使い」、欧米では「グラス使い」で品性がわかる

西洋での会食とは、「相手がどんなレベルの人間なのか」を評価する場だった、とお伝えしました。それは今も残っています。

「いったいどんなポイントを見ているの？」と、疑問を持った人も多いことでしょう。

大きな判断基準のひとつが**「グラス使い」**。

なかでも**「食事中、グラスの縁が美しいかどうか（汚していないかどうか）」**が見られています。

この視点は、西洋では昔から浸透しているそうで、「グラスを見ればその人がわかる」というフレーズがあることを、私も上流階級のマダムから教わりました。「箸使いを見ればその人がわかる」という日本の価値基準の、いわば西洋バージョンです。

「箸使いが、本人の〝教養〟や〝育ち〟を反映するのは納得できます。でも、なぜグ

ラスを見るだけで、その人となりがわかるのですか？」

生徒さんたちから、よくこう尋ねられます。理由はとてもシンプルです。

「ゲスト（店）や同席している人を、不快にさせないため」という一点に尽きます。

あなたは食事中、縁にべったりと口紅がついたグラスを見たことはありませんか。

今までにきっと一度は経験したことがあるでしょう。それが自分のものにせよ、他人のものにせよ「汚さ」を感じたはずです。

絶対に「手でグラスの汚れをぬぐってはいけない」

また、この「汚さ」に拍車をかける行為があります。

それが、**「グラスの縁の汚れを、指でぬぐう」**ことです。

グラスにべったりとついた自分の口紅を指でぬぐい、その汚れを手近なナプキンで取る……。

汚れを拡散するようなこんな行動を、よかれと思って繰り返してはいませんか？

実は、日本の茶道では「茶器を指でぬぐうこと」は正しい作法とされていて、私自身も茶道を学んできた経験でその点は重々承知していますが、西洋ではNG。思うに、「グラスの縁の汚れを、指でぬぐう」人は、茶道の作法を、そのまま洋食に当てはめてしまっていると考えられます。

この行為は、フランスのマダム曰く「ゾッとする！」行為。「日本人は（ヨーロッパのマダムから見れば）外国人だから大目に見ることができるけれど、自国の人なら二度と会わない」とまで言わしめるほど、下品な行為だそうです。

「和」「洋」の考え方は、根本的に異なり、ときに正反対。このグラスの作法もまさにその「正反対の作法」のひとつなのですね。

グラスについた汚れを指でふくのはもちろん、紙ナプキンやティッシュなどで、似た行為をするのも〝非常識〟なことです。

そもそも**「グラスを汚してはいけない」**という西洋のマナーは徹底されています。

実際、西洋人は食事をするとき、グラスに口をつける前に、必ずナプキンで口元の汚れをぬぐい、グラスの縁を汚すことはありません。

真っ白なナプキンを汚すことをためらわないで

「真っ白な美しいナプキンを汚すなんて！」と思われるかもしれませんが、ためらう必要はありません。

お店は、ナプキンが油分で汚れることも想定していて、使用後のナプキンは、業者に出されて処理されます。その汚れが確実に取れるようなクリーニング法で洗われ、仕上げられますので心配は無用です。

この「真っ白な美しいナプキンを汚すこと」へのためらいは、非常に日本人的な感性で、それは、変わらず大事にしたいものですね。

でも洋食の場でナプキンにまったく手をつけなかったり、活用していないという態度は「こんなナプキンは汚くて使えない！」というサインになってしまいます。「しっかりと使うことでグラスを汚さない」が正解ととらえてください。

上流階級の人たちの食事を見ていると、1回の食事で何回も「ナプキンで口元をぬぐう」動作をしています。それが、知的でエレガントな証《あかし》なのです。

カトラリーの使い方より見られるポイントって!?

答え

姿勢です

猫背の時点で落第です

見られるのはカトラリー使いより「姿勢」

洋食をいただく改まった席では、そのずらりと並んだカトラリー一式を前に、マナーが気になり、こっちが先だったかな、あれだったかな？　と思わずカトラリーに気持ちを持っていかれてしまいがちです。

実は、実際の食事の場面で、カトラリー使いより何倍も大切なのは、「姿勢」です。

差別的に聞こえるかもしれませんが、階級社会の国では今でも**「姿勢でその人の〝階級〟がわかる」**と言い伝えられています。

美しい姿勢を保ったまま食べる。これこそが意識すべきこと。極論に聞こえるかもしれませんが、食事中に「堂々とした美姿勢」でさえあれば、ナイフやフォークの使い方が多少ヘンテコでも、食べる順序が作法と違ってもかまわないと言っていいほど。それよりも姿勢が重要視されます。それほど、「美姿勢」は価値あるものなのです。

たとえば、カトラリーを間違って使うことがあっても、足りなくなったカトラリーは持ってきてもらえますし、食べる順番を間違おうと、それで不快になる人はいません。どんな瞬間も、猫背にならず、目線を上げて、お料理ではなく相手を見ながら食べることが大切です。

また、ナプキンを使う際にも気をつけたいのが姿勢。猫背になって口元をふいている姿はとても残念な姿です。姿勢を崩さず、ナプキンを使いましょう。

美しい姿勢をつくるポイントが、序章でもお伝えした椅子とテーブルとの距離です。

椅子とテーブルとの間隔は握りこぶし大（6〜9センチ）ほど開けて腰かけます。手はひざの上に置くか、テーブルの手前端に手首を置く。座っているときに脚は組まず、テーブルにひじを立てたりもしません。

以降お伝えしていくカトラリーの使い方は、この姿勢があって初めて成り立つもの。カトラリーに気をとらわれすぎず、いつも美姿勢を保ちましょう。

ナイフとフォークは、別々に進化を遂げてきた

前にもお伝えした通り、洋食はその歴史のなかで、「指は神から与えられた道具」という宗教的背景から、王侯貴族でさえも、手づかみで食べていた時代もありました。ではいったい、今のようなカトラリーはいつから、どのように発展したのか。ここでは特に、ナイフとフォークについて、お話ししておきましょう。

ナイフは、食卓に最初に並んだ道具として、スプーンよりも早いとされています。

12世紀には、大きな肉を切り分けるための「肉切りナイフ」が、テーブルに1本置かれていたのだそうです。

「各自が個人用のナイフを使う」スタイルが広まったのは15世紀以降。当時は招かれたゲストの各人が、「自分のナイフ」を持参していたのだとか。まさに「マイ箸」ならぬ「マイナイフ」。今からは想像もできないスタイルですね。

一方、フォークが食卓に置かれるようになるには、より長い歳月がかかりました。11世紀、イタリア・ベネチアでビザンチン帝国の姫君が嫁入りする際、その宴席で使われたことが「フォークの歴史の始まり」ではあります（諸説あり）。

しかしその後、フォークが広く浸透することはありませんでした。

もし、中世の食事シーンを描く絵画を見る機会があったら、ナイフとフォークの有無を確認してみてください。「テーブルの上に、ナイフしか描かれていない作品」が多いと気づくはずです。

その後16世紀、イタリアのカトリーヌ・ド・メディシスがフランスに嫁ぎ、テーブルマナー専門書『食事作法の50則』がまとめられた頃。フランス宮廷で、フォークが使われるようになりました。とはいえ当時のフォークは簡素で使いづらかったようです。

結局、フォークが一般にまで普及するのは、17世紀以降の話。「フォーク＝ナイフで切り分けた肉を食べるときに使う食器」と認知され、ナイフやスプーンと並ぶ「カトラリー」として扱われるようになりました。

「ナイフとフォーク」とは「セットで発祥し、進化してきたもの」ととらえている人が多いかもしれませんが、実はそうではないのですね。

カトラリーを人に向けない明確な理由

ただ、このナイフとフォークには共通点があります。

いずれも「尖《とが》っており、凶器になりえる」という点です。

けっして同席者の方に向けないように気をつけてくださいね。

もちろん、現代で「洋食をいただく最中に、カトラリーを武器にして同席者を襲う」という事態は考えにくいものです。でも洋食の起源を振り返ると、そんな暴力的な状況を想定しなければいけなかった時期があるのも事実。

ヨーロッパは「陸続き」という土地柄、国同士にせよ、個人同士にせよ、争いの絶えなかったエリアです。前にもお話しした通り、食事の最中までも気を抜くことができない、そんな歴史背景があります。

ですから、ナイフもフォークも人に向けないようにしましょう。何の気なしにナイフやフォークの刃を人に向けているだけで、相手を不快にします。

日本人の多くは、この慣習について無頓着です。島国で、みんな仲よく暮らしてきたというお国柄ですから仕方ないと言えばそうですが、見る人が見れば、「教養がない」と即断され、自分の株を下げてしまいます。意識せずやってしまいがちなのが、「話しながら、ナイフとフォークを振り回す」という行為。ナイフやフォークを使用しているときは、たとえ手間に感じられても、お皿の上に〝八の字〟に置くのが鉄則です。

私の生徒のEさんが、こう明かしてくれたことがあります。

「学校の先生同士の結婚式に招かれたことがあります。立派な校長先生が、祝辞を述べられました。そのスピーチに、さすが……と感動したのですが、直後にがっかりさせられました。その校長先生が、食事をしている光景が目に飛び込んできたのですが、ナイフを握った右手を振り回しながら、大きな声で周囲とお話をされているんです。『カトラリーは人に向けない』と教わっていたので、その姿が残念に見えてしまいました。

刃物を振り回しているのと同じですよね」

Eさんがおっしゃる通りです。また私も、似たような光景をよく目にします。ホテルのラウンジではアフタヌーンティーを召し上がる女性グループを多くお見かけしますが、おしゃべりしながらカトラリーを振り回している方もお見受けします。

ケーキフォークに、デザートフォークに、ティースプーンにスコーンナイフ（クリームやジャムを塗るためのナイフ）。お茶の時間のカトラリーも、意外と種類がありますよね。

カトラリーは刃物である。そう思えば、おのずと落ち着いた美しい所作を思い出せる気がします。

「黙って食べる」はありえない、「社交」が目的の洋食

洋食の特徴は、「危機管理」だけではありません。大事なのが「社交」というテー

マです。笑顔で会話を楽しむようにしましょう。「何を話せばいいの？」というとき、よくお伝えするのが**「ショープレート」**という存在です。

ショープレート（show plate）とは、その名の通り、**「見せるための飾り皿」**。コース料理などのテーブルで、料理が出るまでの間に観賞用として置かれる皿のことです。料理の提供が始まると、下げられるのが通例です。

このプレートの由来は、店（招く側）が、その富や権力を誇示することが目的でした。また、別名「位置皿」と呼ばれることもあります。

「多くのゲストを迎える際、ひとり分のスペースを定め、きちんと座ってもらうため」という目的もありました。執事らがセンチメートル単位でテーブルの上を測り、ショープレートを置いていたそうです。

現代においては「1卓に何人座るか、ひと目でわかること」が大きなメリットです。ショープレートは美しいデザインだったり、豪華なものが多いため、「きれいですね」という一言が、会話の突破口になるはずです。

これは余談ですが、生徒のTさんは、ショープレートの意味を知らずに、困惑した経験があるそうです。

食事が始まるや否や、それまで置いてあった美しいお皿を下げられたことに対して、「安めのコース料理を頼んだからだ」と誤解し、「低く見られてしまった」と後悔していたそうです。私の講座を受講し、「料理が供される前に下げられるもの」と初めて知り、自身の誤解に気づき、ほっとされていました。

知らないがために不安な思いに駆られていたTさん。作法を知ることは自分に自信を持つことなのだと、私も改めて感じました。

店内に先に入るのは男性？　女性？

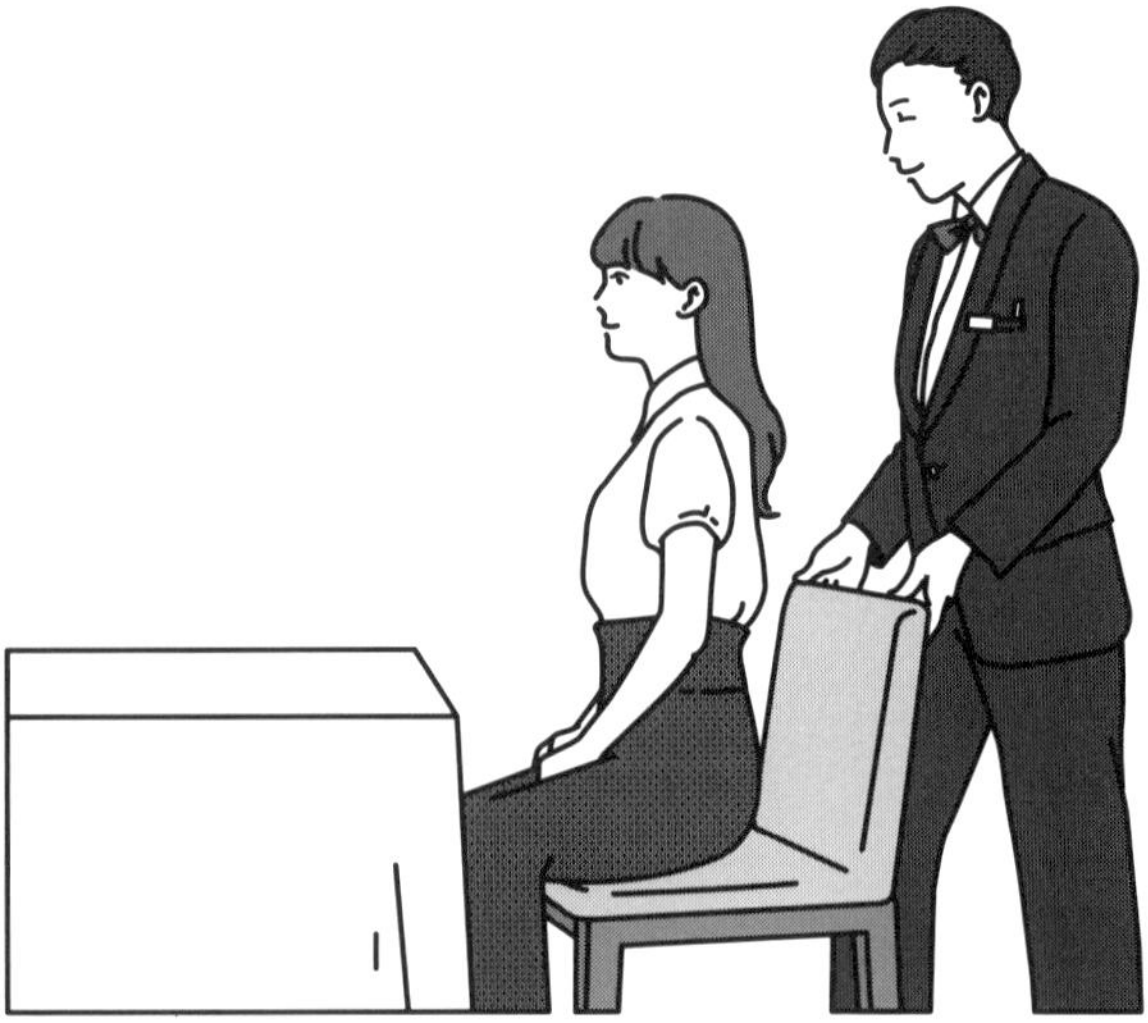

答え

女性です

「すべて女性が先」というレディ・ファースト

入店から着席まで、こんなに日本と違う「レディ・ファースト」

ここからは実際に、お店に着いてから着席するまで、どう振る舞えばスマートかを見ていきましょう。実は、「和食」と「洋食」では真逆の形が多いのです。

洋食の場合は、古くからの騎士道の影響で**「レディ・ファースト」**。どのようなシーンにおいても「女性が男性よりも先」ととらえておけば、間違いがありません。

男女で入店するとき、ドアを開けるのはお店の人、または男性の役目で、「予約した○○です」と確認するのも男性の役割。

お店の人が席まで案内する際にも、案内係（主に男性）のすぐあとにつくのが女性。同行の男性は女性のあとにつきます。これは一時的にお店の人にエスコート役をゆずる意味からです。ですから、案内役がいないときには、男性がエスコートします。

椅子に座るのも、女性が先。場所はもちろん「上座」です。

また、驚かれるかもしれませんが、食事に手をつけるのも女性が先。女性が先に食べ始めない限り、その場の男性は食事を始めることができません。

一方、和食の場合についても振り返っておきましょう。

日本にレディ・ファーストの文化は根付いていないため、「女性が先」というルールはありません。日本では男性が先、が原則です。

「先輩」と「後輩」の場合は、「先輩」が優先。ファミリーの場合は「年長者」が優先となります。

入店するのも、座るのも、食事に手をつけるのも、和食の場合にはすべて「男性」が先なのです。

これで迷わない！お店の人が「最初に引いた椅子」が上座

ここで出てくるのが「上座がどこかわからない問題」です。

洋食のお店で、案内役にエスコートされ入店後、さてどこに座るか。

「お店の人が最初に引いた椅子が上座」と覚えます。このルールは和洋共通です。

洋食の場合、店の人が最初に椅子を引いてくれた上座に、女性が座ります。

和食の場合も、お店の人が最初にすすめてくれた場所が上座ですが、上座に座るのは男性または立場が上の人です。

この見極めを誤ると、長時間、その場にいる全員がバツの悪い思いをすることになります。なぜなら、料理は「上座」から順に供されるから。途中から「配膳の順序を変えてください」などとお願いするのは至難の業《わざ》。気をつけてくださいね。

「着席は左から」は剣を左に差していたから？

では、洋食の店で、テーブル席に案内されたあと。いざ椅子に腰をかけようとする瞬間、男性にも女性にも気をつけてほしいことをひとつお伝えしておきます。

それは「椅子には左側から入る」ということ。着席、退席は席の左側から。

右から行うのが間違いというわけではありませんが、これは大勢での会食の際に、隣同士がぶつからないための慣習です。その昔、剣を左腰に差していた時代の衣装のなごりと言われています。

女性はお酒のお酌をしない

レディ・ファーストに関連して、お酒の「お酌」についてもお伝えしましょう。

日本の場合、お酒を飲む場では「女性がお酌をして回るもの」という習慣が、今も根強くありますが、西洋では「女性がお酌をする」というのは、ちょっと考えられないことなのです。

生徒のWさんが、社会人になりたてのころの思い出を教えてくれたことがあります。

「飲み会でお酒が運ばれてきたので、いつもの感覚で同僚男性にお酌をしかけたところ、ヨーロッパ圏で学生時代を過ごした帰国子女の同僚の女の子に、ものすごい剣幕で制止されたんです」

Wさんの体験通り、**ヨーロッパでは「一般的に女性にはお酌をさせない」**というのが常識になっています。

ですから洋食のお店で、女性が男性にお酌をするのは控えたほうがベターです。

理想は、男性客も女性客も「店の人にお酌をしてもらうこと」。

一流店のウェイター（店員）はいわば「お酌のプロ」。彼らのサービスを堂々と受けることこそ、「一流のお客」であり、「レストラン」という場をつくり上げることに貢献します。

見方を変えると洋食の店で「客同士でお酒を注ぎ合うこと」は、非常にみっともないことなのです。

客は、「お酌のプロ」ではありません。「サービスを受けるプロ」を目指しましょう。

そして、洋食の店でお酒（ワインやシャンパン）を注いでもらうとき、グラスは持ち上げないのが鉄則。グラスに手を添えることもいたしません。

スープのすくい方は手前から向こうですよね？

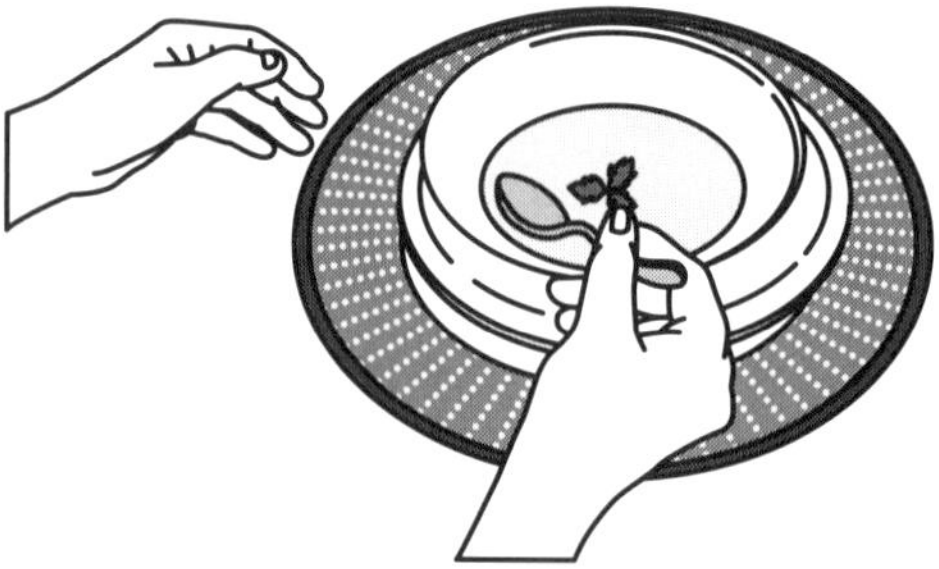

答え

どちらでもOKです

だが「すする」はNG、
スープは「食べる」ものです

スープとは「食べる」ものである

西洋のコース料理で供されるスープ。その起源は、はるか紀元前にまでさかのぼると言われます。土器がつくられるようになってから、食材を水で煮込めるようになり、「スープ」の原型が誕生したのだとか。

その後、古代ローマ帝国でもスープは愛されていたそうです。

中世になると、ヨーロッパでは「ブイヨン」（肉を煮た煮汁）が食べられるようになります。

15世紀には「ポタージュ」の原型が登場。上流階級でスプーンが食卓に上り、使われるようになったのも、この14～15世紀頃とされています（太古の遺跡からスプーンのような形状の道具は発掘されていますが、食事用としてではなく調理道具的な役割を果たしていたようです）。

とはいえ、当時のスプーンは高級品。一般庶民にまで広まったのは17〜18世紀頃にまで下るのだとか。そして「ナイフ、フォーク、スプーン」という、私たちにとって馴染《なじ》みの深い3点が、セットで食卓に出されるようになったのは19世紀頃。つまり、日本で言うと江戸時代末期から明治時代にかけての時期。そんなに「はるか昔のこと」ではないのです。

西洋では「すする」はタブー

さて、現代の私たちが、美しくスープをいただくには、いったいどうすればいいのでしょうか。具体的にお話ししていきましょう。

まずはスープとは、そもそも「飲む」ものではありません。**「スープを食べる」**という表現が正解です。

だから、**「スープをすすらないこと」が原則**です。なぜなら、西洋では「食事中に音を立てること」を、大変嫌うからです。

そもそも日本にはそばやラーメンなどの汁物を、音を立てて「すする」という文化が古くからありますね。でも、それは日本独自の習慣です。

この点は、「和」「洋」を比べたときに最も顕著な差異のひとつでしょう。

「いったいなぜ、すするのがダメなの？」と不思議に思うかもしれません。

西洋人の「すする」ということに対する嫌悪感は、もはや生理的な感情に近いもののようです（たとえば、西洋人は「洟《はな》をすすること」を大変忌み嫌います。洟をかむことは躊躇《ちゅうちょ》なく人前でも行うことを考えると、出ようとするものを「出す」のはいいが、すするという「戻す」動きが不快感を与えているようです）。

私たちも洋食の場で相手に不快な思いをさせないよう、「スープをすすらないこと」を心がけたいものです。

とはいえ、「スープは飲みもの」という認識が抜けきらず、スプーンからついすすってしまう人も多いことでしょう。

そんな場合は、「スープは食べ物」と認識してみましょう。

そして「スプーンからスープを吸う」のではなく「スプーンを使って口の中に流し込む」と意識すると、すすらず（音を立てず）「食べる」ことができます。

もちろん「熱さが気になるから」といって、息をフーフー吹きかけるのも西洋では「子どものすること」。「ちょっと熱いかな」と感じたら、スプーンの背の部分で、スープの表面に円を描くようにしてみましょう。熱伝導のおかげで、スープを冷ますことができます。

スープは縦方向にすくって飲みます。

「手前から奥」（イギリス式）、「奥から手前」（フランス式）と言われていますが、私たち日本人は「主賓に合わせる」と考えるといいでしょう。

なにより大事なことはスプーンを動かす向きよりも「すすらないこと」「よい姿勢を保ってスプーンを動かすこと」のほう。

スープをこぼさないよう気を遣うあまり、前屈みになったり、皿に顔を近づけすぎたりすることは、最も嫌がられることです。上半身の姿勢をキープしながら、いただきましょう。

またスープをいただく場合、最後の一滴まできれいに食べ尽くす必要はありません。前にもお話ししたように、和食と違って「残すこと」が許されていますし、底にたまったスープをかき集めようとしてカトラリーの音を立てることにもつながります。また大事な器を傷つけてしまいかねません。

ときどきお見かけするのが「パンを使って、器に残ったスープをぬぐう」という食べ方です。それが「スープを無駄にせず、よりおいしくいただく方法」だというのはよくわかりますが、日本と西洋とでは美しく見える所作は違うもの。カジュアルな店では許容されますが、いやしい行為となり自分の格を下げてしまうのでいたしません。

肉は"全部切り分けてから"食べていい？

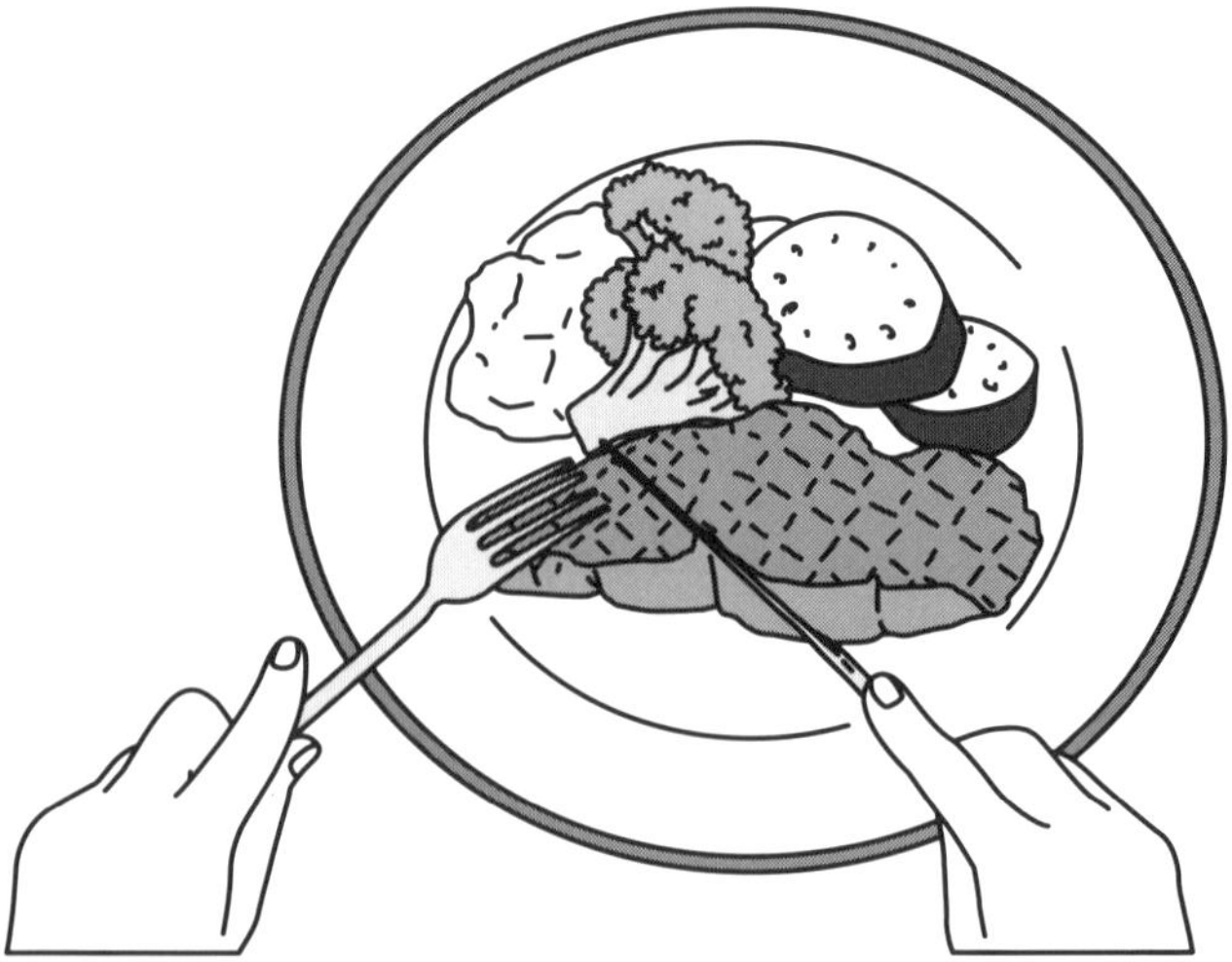

答え

いけません

食べる分だけ切り分ける原則

肉料理も魚料理も、もとは「大勢に切り分けて振る舞われる料理」だった

スープに続いて供される魚料理、肉料理について見ていきましょう。

「魚料理から肉料理」というコースの流れが定着したのは19世紀頃とされています。

当時の魚は「切り身」ではなく丸ごと調理したものを大皿に運び、「サービス係が個々に〝切り分ける〟」という形で提供されていました。その後、**「切り身」の料理が主流になるにつれ、調理法やソースが大きく変わった**とされています。

一方、肉料理は、食材を調達する「狩猟」とも深い関係があります。

フランスの王侯貴族たちは、「狩猟をして得た獲物を料理人に調理させ、パーティーで振る舞うこと」を楽しみとしていたのだとか。

つまり「大きな肉塊の料理を華やかに大皿に盛り付け、会場で〝切り分けて〟振る舞う」という伝統があったのです。

この「切り分ける」という過程を宴席（食卓）で共有する点は、魚料理と共通していますね。そして魚と同じように、時代が下るにつれ、1人前の「切り身」の料理が供されるスタイルが定番になっていきます。

このような歴史を知ると、現代の洋食店で、美しく盛られた食事を個別にスムーズに提供してもらえる仕組みが、なんともありがたいものに思えてきませんか。

全部を切り分けてはいけない

現代のコース料理では、どのような素材が、どのように調理されて出てくるのか。魚と肉、それぞれの場合を概観してみましょう。

まずは魚料理についてです。

素材は海水魚、淡水魚、甲殻類、貝類、海藻類、魚卵など。

それらが「グリル」（鉄板焼き）、「ブレゼ」（蒸し煮）などの方法で調理されます。

骨や頭などは外され、非常に食べやすい形で提供されます。ソースがふんだんに使われます。

肉料理では、素材は家畜（牛、豚、鶏など）に加えて、ジビエ（鴨《かも》、鹿、ウサギ、イノシシなど）。それらが「グリル」（鉄板焼き）、「ロースト」（あぶり焼き）などの方法で調理されます。

いずれの肉料理も〝肉汁〟のおいしさが身上。汁が流れ出たり、冷めたりしないうちに、肉料理用のナイフで切り分け、熱いうちにフォークでいただくことが重要です。

あらゆる魚料理と肉料理に共通する食べ方の原則。それは**「一口ずつ、左から切りながら口に運ぶ」という食べ方**です。

「ナイフとフォークを使って切る作業が手間だから」などといって、「すべて切り分けたあとに、食べ始めるスタイル」は推奨されていません。

その理由は、料理が冷めてしまうから。肉料理の場合、おいしい肉汁も流れ出てしまいます。

そして、「切る（ナイフを入れる）順番」は、「左から右」です。

ナイフとフォークの使い方のおさらい

念のため、ナイフとフォークの扱い方についても見ておきましょう。

いずれも外側から使うことで、「魚料理のときは魚専用のもの」「肉料理のときは肉専用のもの」を手に取れる仕組みになっています。

メインのお皿の上部にあるカトラリーはデザート用です。デザートが振る舞われたときに外側（上の方）から使っていきます。

気をつけたいのは「音を立てない」という洋食の鉄則です。器とカトラリーがぶつかるカチャカチャという金属音が出ないよう心がけましょう。

「なぜか音が出やすい」という場合、持ち方を見直してみてください。

特に音が立ちやすいのは「肉を切るとき」でしょう。ナイフの柄をしっかりと握り、人差し指をナイフの峰の上に載せて使うと、骨付きの料理の場合でもスマートに切ることができます。ナイフを何度も動かすと器を傷つけかねないため、切れないナイフは交換してもらいましょう。

言わずもがなですが「フォークに刺した料理」を一口で食べきれないからといって、「少しずつかじっていただく」という食べ方は厳禁。料理を切り分けるとき、「一口」のサイズに切り分けることができれば理想的です。

そして、ナイフやフォークの刃を、周囲の人に向けることもタブー（177ページ）。

万一、カトラリーを床に落としてしまったら、自分で拾わず、お店の人にまかせます。気づいてもらえることが多いものですし、目線を合わせて会釈をすれば、すぐに新しいものを用意してもらえます。

「わざわざお店の人に拾ってもらうなんて、迷惑になりそう」

そんな遠慮はいりません。むしろ「椅子から降りて、床に落ちたカトラリーを拾う行為」のほうが、店側からすれば「大迷惑」。店内の優雅な雰囲気は乱れ、店の人は「お客様に余計なことをさせてしまった」と肩身の狭い思いをすることになるからです。

西洋料理のお店では「自分で何でもやる精神」から脱却して「サービスをしっかり受けとる精神」を発揮してください。お手本は、西洋料理の発祥期の「王侯貴族」です。「うまく危機管理しつつ、優雅に食べながら社交にいそしみ、領土の民の利益となるような言動を優先すること」が、王侯貴族の務めでした。現代でも、堂々と食べて、おしゃべりに花を咲かせることが、西洋料理のお店で求められる「理想のお客様」。西洋料理のお店では、男性も女性も「王侯貴族マインド」でいきましょう。

その他のカトラリーについて

ナイフ、フォーク以外のカトラリーについても触れておきましょう。

身近なものとしては、スプーンがまず挙げられます。

なかでも特徴的なのは「ソーススプーン（フィッシュスプーン）」。1970年代にポール・ボキューズがソースを食べられるようにとつくったものです。スープ仕立てやソースが多い魚料理に使います。ただし、必ずしも使わなければいけないものではありません。

フォークだけで食べられる場合は、使わなくても大丈夫です（ただし「手皿」は、洋食の場でもいけませんよ）。

他には「バターナイフ」があります。一口大にちぎったパンに、バターを塗るときに使います。**洋食も和食も「一口大にして口に運ぶ」が原則です。**ちぎっていないパンに、バターを直接塗るのは無作法とされているのでご注意を。

なぜ、アフタヌーンティーと言えば「キュウリサンド」なの？

答え

財力の証です

「キュウリを栽培していること」が
上流階級の証

その起源は、当時の〝インフルエンサー〟

フレンチやイタリアンのコース料理に続いて、現代日本にも浸透しつつあるお茶の習慣「アフタヌーンティー」について、お伝えしていきましょう。

ホテルのラウンジなどでも人気の定番メニューですが、その歴史にまつわる豆知識を知っておくだけで、その場を何倍も楽しめるようになります。

優雅な雰囲気ゆえ「自由に食べてよい」と誤解されがちですが、ここにもやっぱり「合理的で美しい、エレガントな食べ方」は存在します。

アフタヌーンティーの起こりはイギリスの王侯貴族、7代目ベッドフォード侯爵夫人の**アンナ・マリア**と言われます。あなたも一度は彼女の肖像画を目にしたことがあるかもしれません。

あの国民的な人気飲料「午後の紅茶」（キリンビバレッジ）のラベルに描かれた貴婦人こそ、アンナ・マリアその人です。

彼女のような王侯貴族は、今で言う〝インフルエンサー〟的な存在でした。そのため、アンナ・マリアたちが楽しんでいた「アフタヌーンティー」の習慣は、一般市民にまであっという間に広がっていったといいます。

そもそも当時の王侯貴族の「食事習慣」は、現代人の私たちから見ると独特に感じられるものです。

朝食は、「イングリッシュ・ブレックファースト」という盛りだくさんの食事。昼は外で少量のフルーツやパンなどをつまむだけ。そして社交の場でもある夕食は、劇や音楽会を楽しんだあとの20時頃。

つまり、昼食から夕食までの約8時間、何もとらないことが通例だったのです。

「それではもたない」ということで始まったのが、15～17時頃に焼き菓子やサンドイッチを楽しむティータイム、**「アフタヌーンティー」という「お茶の時間」**です。

最初はひとりでいただく形が多かったようですが、「自分の邸宅のドローイング・ルーム（応接間）に知り合いの婦人を招いてもてなす形」がやがて主流となりました。

とはいえ、イギリスは「百年戦争」「薔薇《ばら》戦争」など、昔から戦乱の絶えないお国柄。王侯貴族の夫人といえども優雅にお茶を飲み、時間を潰していたわけではありません。「◎◎家の跡取りが決まったらしい」などと生々しい情報を交換したり、芸術談義を展開しながら相手の教養の程度を探り「あの方は教養がない」などと「格付け合戦」に興じたりしていたわけです。ですから、当時の流行の最先端である「アフタヌーンティー」の食べ方に詳しくない場合、一方的に「低く」評価されてしまったであろうことは、想像に難くありません。

いつの時代も「食べ方」が、その「人となり」の大きなバロメーターとなっていたのですね。

✧ 3段プレート、どこから食べる？

ちなみに、「アフタヌーンティー」には「ローティー」(Low tea) という別称もあります。字義通り「低いテーブル」でお茶をいただく、という意味です。

それに対して「ハイティー」(High tea) という概念も存在します。

王侯貴族などではない一般の人たちが、仕事終わりの17～19時頃にいただく「夕飯」のことを指します。こちらは字義通り「高いテーブル」で、「お茶」ではなく「食事」をいただく習慣を言います。

日本のホテルなどでも、近年「ハイティー」のメニューが増えてきていますが、その起こりを知れば「高度に洗練されたもの」でないことは明らか。

新しく輸入されてきた形式に飛びつく前に、その起源を調べる習慣を身につけておくと、それが真にエレガントなものか否か、ひとりで見極められるようになりますよ。

「アフタヌーンティー」については次の原則だけ頭に入れておけば十分です。

3段（2段）重ねのティースタンドに盛られた「ティーフーズ」（軽食のこと）は、下段（サンドイッチ類）、中段（スコーン類）、上段（スイーツ類）へと、**下から順に食べること。**日本でも格式あるホテルなどでは、この順序が遵守されています。つまり「塩気の多いものから、甘味の強いデザート」へと進むわけで、それぞれの味覚を堪能するうえでも非常に理にかなっているわけです。

もちろん、「次の段に移ってから、前の段に戻る」という食べ方は子どものようですのでお気をつけて（残すことはかまいません）。

またホテルやお店によっては、この置き方が逆になっていることもあります。その場合は、**「サンドイッチ類→スコーン類→スイーツ類」**という順でいただいていきましょう。

そもそも、「いったいなぜ、こんな3段重ねの器が用いられているのか」と言えば、それは、本来狭いテーブルを有効に活用するためです。

もともとは、1段（1皿）ずつ、召使いによって運ばれていたのですが、客によって食べ進むペースが異なるため、すべてを一度に盛り合わせられる「スタンド」の形が好まれるようになりました。こんな史実を踏まえたうえで、お仲間と一緒に「アフタヌーンティー」をぜひ楽しまれてくださいね。

質素に見える「キュウリサンド」の秘密

もうひとつ、大変興味深いエピソードをご紹介しておきますね。それは、伝統あるホテルでは必ずと言っていいほど「下段」に盛られている「キュウリサンド（キューカンバーサンドイッチ）」にまつわる秘密です。

「なぜ、ここにキュウリサンドが？」と違和感を覚えた人もいるのでは？

肩すかしをくらった気分になるのも無理はありません。なにせ現代日本において「キュウリ」は、年間を通してお手頃価格で入手できる、非常に身近な食材だからです。

でも、ここが面白いところで……。19～20世紀当時のイギリスでは、その気候に生育条件の合わない「キュウリ」は「超」のつく高級品だったのです。

そのため貴族は、広大な領地の中に、温室設備を備えた農場をつくり、「栽培が難しい」とされるキュウリをあえて育てさせていたのです。

自分の農場で採れたキュウリをパンにはさみ、ゲストをもてなすことは、「広い農園を維持できる」という莫大《ばくだい》な財力をアピールすることになります。

つまり、「キュウリサンド」とは富の象徴。

こんな背景を知れば、キュウリサンドを見てもがっかりすることはなくなるはずですね。

ティーカップの輪には指を入れない？

答え

入れません

指先を伸ばすだけでエレガントに見えます

「マダムが紅茶を注いで回る」が当時のスタイル

イギリスは「紅茶の国」とも称されます。ですから、アフタヌーンティーの軽食のお供は、必ず紅茶が提供されます。もちろん1杯だけで話が尽きることはありません。ホストであるマダムが全員に何杯も注いで回るスタイルが常道で、それが「社交」であったわけです。

現代日本のホテルや店で、アフタヌーンティーをいただく場合、紅茶以外にもコーヒーやジュースなど、さまざまなドリンクが用意されています。しかしせっかくですから、軽食のお供は紅茶を選ぶことをおすすめします。

そもそもアフタヌーンティーの本質は、お茶会に参加したメンバーが、供された食事や食器類についての賛辞を贈り、それを発端として交流を深めることにあります。食べ物についての感想を話したり、食器や家具調度品・装飾品や花、それらにまつわるトリビアを披露したり。それがうまくできる人こそ当時は「社交性が高い人」と目されたのです。

現代でも、その流れは変わりません。おいしいものについて考えたり、話したりすることは、とても楽しい教養の場ですね。

ティーポットは、日本の「急須感覚」で注がない

テーブルの上には**「カップ＆ソーサー」**。**そして「紅茶が入ったポット」と、「ホットウォータージャグ」**（通称「ジャグ」）。お湯だけが入ったポット）が置かれます。

このジャグは、時間が経過して濃くなってしまった紅茶を、薄めるためのお湯が入っています。紅茶が入ったポットと混同しないように気をつけましょう。

日本人の感覚では「紅茶を薄めて飲むの？」と驚かれるかもしれませんが、それは自分の好みの濃さに調節するため。

もしおかわりがほしいときは、ホストにお願いするのが礼儀。自分で注ぐことは、極力避けます。

その理由は、アフタヌーンティーの起源を考えればおわかりですね。

また、イギリス製のティーポットの場合、蓋にストッパーがついているため、片手で注げる構造になっています。ここが日本の急須と異なるところ。

ティーポットの蓋を片手で押さえながら注ぐのは「この人、ストッパーがついていることを知らないのかしら」と西洋の人から見ると不思議な行動に見えます。注ぐときは蓋は押さえず、利き手だけで注げば、スマートに見えます。

カップ&ソーサーを「ほめる」ことは、西洋版の「粋」

そして、忘れてはならないのが「カップ&ソーサー」。アフタヌーンティーの時間を美しく演出してくれる構成要素のひとつです。その色や絵柄を鑑賞するだけでなく、言葉にして「ほめる」ことをお忘れなく。

（その昔、ゲストがカップをほめることは、ホストに対する直接的な賞賛でした）

しかし場慣れをしていないと、照れもあるせいでしょうか、ほめ言葉がなかなか出てきません。「きれいな色ですね」「素敵な柄ですね」、最初はありふれた表現でもいいのです。黙り込むことがないようにお気をつけください。

紅茶をいただくとき、左手でソーサーを胸の位置まで持ち上げ、右手でカップを持つようにすると、しぐさが美しいだけでなく、カップやソーサーにごく自然に目を向けることができます。

ティーカップの取っ手に指は「入れない」ほうが美しい

アフタヌーンティーにおいて、私たち日本人が最も気をつけたいことがあります。

それは**「カップの持ち方」**です。

取っ手（ハンドル）に指を通すのは、間違いとは言い切れませんが、エレガントではありません。**親指、人差し指、中指の3本の指で、取っ手をつまむように持つのが正解です。**

人気の刑事ドラマシリーズ『相棒』（テレビ朝日）の主人公、水谷豊さん演じる「杉下右京」を思い浮かべてみてください。彼ももちろん、カップの取っ手に指を通さず、つまんでいます。「ロンドンへの留学経験あり」「紅茶通」というキャラクター設定を、見事に体現しているわけです。

とはいえ、慣れない所作ですから「指に力を入れにくい」という人も多いはず。カップを落とすことのないように気をつけてください。自宅でひとり、練習をすることもおすすめです。

この所作についての講義をすると、どの生徒さんもみな最初はとても驚きます。また、互いに動画を撮り合う時間も設けているのですが、「本当に見違えるほどエレガントになる！」と、毎回とても好評です。

つまり「洗練の究極」とは、「美しさ」なのです。

間違っても、**「カップを落としそうだから」と左手をカップに添えない**でくださいね。

そうすると「両手持ち」（両手でカップを持つこと）になってしまいます。

「両手持ち」は、上品さや丁寧さをけっして意味しません。

本国イギリス流に言うと、「紅茶がぬるいです」というメッセージとなり、ホスト（店）側を非難することになってしまいます。

「知らずにやっていました」という人もいるかもしれませんが、今日から改めれば十分です。

このように人間は昔から、はっきりと言葉にす

るのではなく、「所作やしぐさで気持ちを伝えること」にも心を砕いてきました。それこそが「文化」です。

現代では効率性ばかりが優先されがちで、「所作やしぐさに意味を持たせること」はあまりありません。

だからこそ、昔から伝わる作法に目を向けたいもの。

昔の人たちの豊かな感情の機微と、時空を超えてきっと出会えるはずですから。

洋食phrase21

43 「社交」と「危機管理」がテーマ。ホストが取り分け、試飲の歴史

44 カトラリーは「刃物」。ナイフ類の刃は相手に向けない

45 残してよい（食べすぎない＝豊かである証拠）

46 女性がお酌をするのはＮＧ

47 洋食において持っていいのは「取っ手のあるものだけ」

48 すべての行動は「レディ・ファースト」

49 最初に引いた椅子が上座。女性が座ってから男性が座る

50 きちんとナプキンを使うことが礼儀

51 ナプキンは裏を使う

52 ナプキンを広げるタイミングは食前酒を注文しホストが広げたあと

53 カトラリーは外側から順に使う。猫背にならない美姿勢が大前提

54 欧米でスープは「食べる」料理、「音を立てて飲む」はＮＧ

55 英仏のスープのすくい方は、日本人はホストに合わせるのがベター

56 ナイフを使ったあとは、つねにナイフの刃を内側に

57 食べ終わったら、ナイフとフォークは平行にお皿の上に置く

58 毎回飲み物を飲む前にはナプキンで口元をふいてから飲む

59 グラスについた汚れは、指先でふき取ってはいけない

60 肉料理も魚料理も、先に「まとめてカット」してはいけない

61 アフタヌーンティーの「キュウリサンドイッチ」は、当時の富の象徴

62 下段（サンドイッチ）→中段（スコーン）→上段（スイーツ）の順

63 ティーカップは、ハンドルに指を通さないのが美しい持ち方

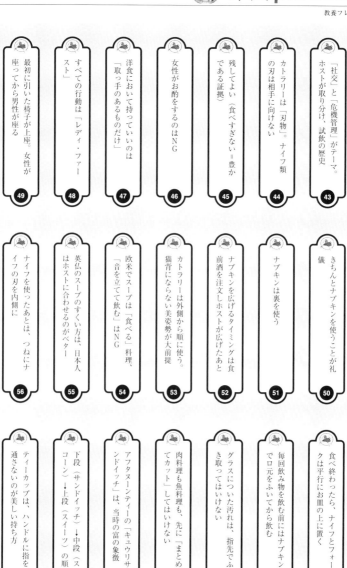

3章

中国料理の教養

回転テーブルは右に回す？ 左？

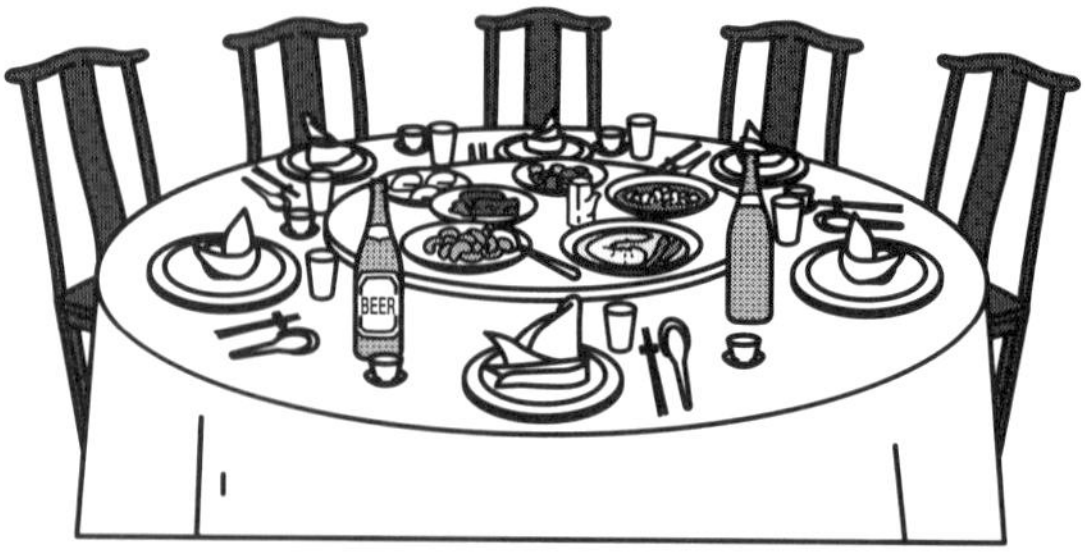

答え

右です

回転テーブルには、
いくつかの約束事があります

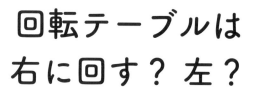

4つの中国料理、イメージできますか？

私は生徒から「中国料理にマナーってあるんですか？」と聞かれることがよくあります。やはり和食や洋食より、中国料理は「カジュアル」というイメージが強いようですが、文化が違えば食事の作法も違います。中国料理ならではの作法を身につけましょう。

中国料理には大きな4つの種類があります。

①北京《ペキン》料理、②広東《カントン》料理、③四川《しせん》料理、④上海《シャンハイ》料理。

中国料理の種類をひとつずつ、かんたんにご紹介しておきましょう。

「北京料理」は、宮廷料理の影響を受けた料理です。北京、河北《かほく》、山東《さんとう》、河南《かなん》周辺といった中国北部、黄河流域で一般的とされる料理です。牛、羊、鴨、アヒル、鯉《こい》、ネギ、ニンニク、ニラなどの素材を、油を使って加熱した料理が多いです。高カロリーで、塩や味噌《みそ》、醬油《しょうゆ》を多用した濃厚な味付けが特徴です。「北京ダック」「チンジャオロース」などが主な料理です。

「広東料理」は、中国料理のなかで最もポピュラーな料理です。交易がさかんな地域のため、西洋料理の影響も受けています。広州《こうしゅう》、東江《とうこう》、潮州《ちょうしゅう》などを中心に発達した広州料理の総称です。豊富な食材を控えめの油で調理した、あっさりとした味付けで知られています。「酢豚」「八宝菜」「ツバメの巣」「フカヒレスープ」などが主な料理です。

「四川料理」は、香辛料が多く使われている料理です。中国の中央部、盆地で、熱さ寒さも厳しい長江上流の四川省で発達しました。唐辛子、ショウガ、ニンニク、ネギ、山椒《さんしょう》などの香辛料が多用されています。「麻婆《マーボー》豆腐」「エビのチリソース」「担々麺」などが主な料理です。

「上海料理」は、海と山、両方の恵みを活かした料理です。長江の中流、下流沿岸の上海、揚州《ようしゅう》、蘇州《そしゅう》などを中心に広まりました。海の幸も山の幸も、いずれも贅沢《ぜいたく》に楽しめます。「上海ガニ」「肉入りワンタン」などが主な料理です。

中国料理は「席次」を重んじる料理

中国料理で大切なポイントは、席次です。目上の人をうやまう文化のため、席次は中国料理でとても重要。すべてのサービスは上座からスタートするものだからです。

中国料理の店のテーブルには、四角い「方卓」と、丸い「円卓」の2種類のタイプがあります。いずれも**大原則は、「出入り口から最も遠い席」が「上座」。**年長者、目上の人が座ります。

一方「出入り口に最も近い席」が「下座」です。

ドアがふたつある部屋の場合には、料理が運ばれてくる際に、どちらか片方が必ず閉められます。「開いているほうのドア」が「出入り口」と見なされるため、そこに近い席が下座となります。

「景色がよい部屋」の場合。その景色を最も楽しめる席が「上座」になります。

このように、さまざまなケースがあるため、大事な人を招く際は念のため、店に事前に確認できれば安心です。

どちらもある「左上右下」と「右上左下」

ここで、新たな疑問が生じるはずです。

中国料理に多い円卓の場合、「上座の次にくる『2番目の人』『3番目の人』の席がわからない」という問題です。

答えは**「2番目の人」は「上座（1番目の人）の左側」です。**「3番目の人」は「上座」の右と覚えてください。その理由は「左をもって尊しとする」（「右よりも左のほうが上位」という考え方）があるためです。「1番目」の人をはさんで、2番目の人はその左側に、3番目の人はその右側に着席するようにしましょう。

この「左上右下《さじょううげ》」の根拠となっている有名な言葉が**「天子南面《てんしなんめん》す」**です。

これは「地位の高い人は、南を向いて座る」という意味です。

中国では、皇帝は不動の北極星を背に南に向かって座るとされていました。皇帝から見ると、日（太陽）は左の東から昇って右の西に沈みます。日の昇る東は、沈む西より尊いとされ、ゆえに左が右よりも上位とされました。

この「左上右下」の考え方が日本に伝わったのは、飛鳥時代のこと。「左大臣」「右大臣」という役職にもこの思想は反映されています。

雛《ひな》人形を思い出していただくとおわかりになるかと思いますが、「左大臣」（年長者）のほうが、「右大臣」（若年者）よりも上位とされてきました。

1章でもお伝えした通り、日本には今も「左上右下」が伝統作法として

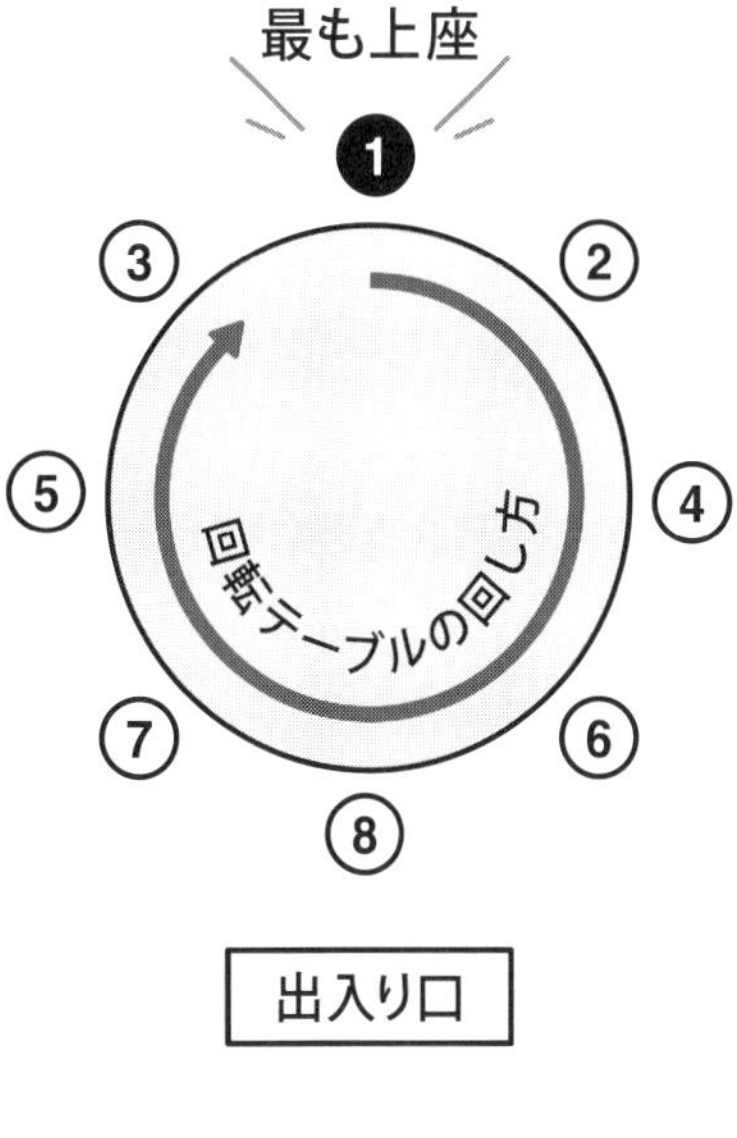

残っていますが、一方、中国は時代の移り変わりのたびに、文化もがらりと一変するお国柄ゆえ、唐の時代の「左上右下」は、秦・漢の時代には「右上左下」へと、まさに真逆になったそうです。広大な国土を背景に、時代によってまったく違う文化が根付いている中国ならではの事情かもしれませんね。

そのため、私は講座でレッスンをする際には、中国料理において、席次は左上右下ですが、中国の文化としてはどちらもある、ということをお伝えしています。

ちなみに、これはあくまで東洋の考え方で、西洋では真逆の「右上左下」（右が上位、左が下位）になります。

英語で「右」を「right」（正しい）と言うのも、「右が上位」ということの表れです。そして、この西洋の考え方は、国際間のルールにもなりました。ですから国際儀礼では「右が上位」です。

オリンピックの表彰台では、金メダリストを真ん中に、右側が2位（銀メダリスト）、左側が3位（銅メダリスト）という並びになります。

これは「和洋で正反対になる価値観」のなかで、最大のものかもしれませんね。

「集餐」と「分餐」2つのスタイルがある

コース形式の場合、和食も洋食も「ひとり一皿」という料理の提供法が通例です。

しかし中国料理では、それに加えて「大皿に盛られた料理を、皆でシェアし、小皿に取って食べる」というスタイルも存在します。

この「大皿をシェアして食べるスタイル」を「集餐《しゅうさん》」と呼びます。

また中国料理の「ひとり一皿ずつ出てくるスタイル」は「分餐《ぶんさん》」と言います。

「集餐」のほうが、よりカジュアルで気楽なスタイルです。和食でも「鍋を全員でつつき合う」というような集餐に近い「食べ方」は存在します。やはりそのほうが、同席者間でコミュニケーションが深まる傾向はあるようです。

「集餐」の場合、大皿に残った料理はいただいてかまいません。

回転テーブルの始まりは日本だった！

中国料理のお店で使われるテーブル（食卓）は、四角い「方卓」、丸い「円卓」のいずれかが正式とされていましたが、そのうち回転盤のついた「回転テーブル」が利用されるようになります。

方卓にせよ円卓にせよ、中国料理用のテーブルは非常に豪華。彫刻を施したものから、金銀の象眼《ぞうがん》や貝の螺鈿《らでん》細工を使用したもの、黒檀や紫檀といった銘木を磨き上げたもの、朱塗りを施したものに至るまで、装飾品としても高い価値を持つものが珍しくありません。

テーブル自体が一種の〝芸術品〟でもあるため、「お客様に鑑賞していただきたい」と、テーブルクロスを敷かないところもあります。

ではこの回転テーブルの発祥地はどこなのか。その驚きの歴史をお伝えしておきましょう。

回転テーブルは、中国起源と思われがちなのですが、実は日本の「目黒雅叙園《がじょえん》」（現ホテル雅叙園東京）が発祥。「目黒雅叙園」といえば、結婚式場、ホテル、レストランなどの複合施設。美術工芸品の数々が配され、日本文化の贅を尽くした豪華絢爛《けんらん》な空間として知られています。

この「目黒雅叙園」の創始者・細川力蔵氏が「席に座ったまま料理を取り分け、次の人に譲れないか」という思いで、回転するタイプの円卓を開発しました。それは１９３２年（昭和７年）のことと記録されています。

つまり「集餐」というスタイルで大勢で食される中国料理は、人数が多くなるほど取り分けるのに、時間も手間もかかるもの。とはいえ店側が、お客ひとりひとりに給仕をすると、心付け（チップ）が発生するなど、客側が利用しにくくなってしまいます。

そこで細川氏は、客がめいめい取り分けをしやすい「回転型」という仕組みを考えたのだとか。

つまり、回転テーブルはおもてなしの心がつくり出したもの。それが中国料理の本場、中国に〝逆輸入〟され、定番スタイルとして普及したのです。

しかし、これは「当時の文献等に記録がはっきりと残っている」というレベルで「最古」の話。実際は、「18世紀初頭のイギリスで使われていた」という説や、「19世紀のアメリカで特許が申請された」という説も伝えられています。

ただ、一般的なレベルで「回転テーブルが本国・中国で爆発的に広まり、定着するきっかけとなったのは、目黒雅叙園創始者の細川氏だ」と考えてよいでしょう。

回転テーブルは「右回り」

そんな回転テーブル。そもそも、右回りか左回りか、どちらに回せばよいのでしょうか？

答えは、基本的に「右回り」（＝時計回り）。めいめいが、好き勝手な回し方をすると混乱を招きかねないので、原則的に「右回り」となっています。

ただし、それはあくまで〝原則〟にすぎません。

もし手近に「誰も手をつけそうにない大皿」があったとき。「右回り」よりも「左回り」のほうがすぐ取れる場合は、例外的に「左回り」で取ってもかまいません（※逆回転をしてもよいのは、料理が全員に行き渡ってからです）。

杓子《しゃくし》定規に考えすぎず、より「シチュエーションに合った方法」を選びましょう。

また、料理に初めて手をつけるのは「上座」の人からと決まっています。

自分の順番が回ってきたら、大皿から遠慮なく取り分けましょう。ここで迷ったり、モタついたりしてしまうとスマートではありません（次の人が手をつけにくくなります）。

言わずもがなですが「好きな料理だから」といって、取りすぎないこと。「人数分が盛られたものである」こと、「他の人も取る」ということを忘れず、きれいな盛り付けを崩しすぎないこと。他の人が料理を取っているときに、円卓を回さないこと。

そして「取り分けた直後」に、箸をつけないこと（料理が全員に行き渡ってから食べますが、「上座」の人が箸をつける前に食べ始めるのは無作法です）。

✧ 回転テーブルに載せていいものダメなもの

「そもそも回転テーブルの上に載せてもよいものって何でしょう？」

こんな質問もよくいただくので、お答えしておきますね。

「料理」「調味料」「花などの飾り」、この3つです。

「料理」と「調味料」という二大共有物と、飾り花とを回転テーブルの上に載せて、皆で仲よくシェアしましょう。

ありがちなのが、調味料を手元に長く留めてしまうこと。

他の人が困ってしまうので、使用後はすみやかに回転テーブルに戻しましょう。

また、料理も調味料も、立って取るのは「見苦しい」とされています。回転台を回して、自分の正面に移動させてから取りましょう。

反対に「回転テーブルの上に載せてはいけないもの」は、「お酒」「取り皿」「下げ物」、この3つです。

まずお酒の場合。回転する台の上に背の高いボトルなどを置いていると、転倒などのリスクがつきまといますよね。

カジュアルなお店では、「お酒のボトルを回転テーブルに置いてしまう店員さん」を稀《まれ》にお見かけしますが、それは「誤った作法」ととらえてください（店のすべての人にマナー教育が行き届いているわけではありません）。

各自の「取り皿」や、汚れた「下げ物」を共有スペースに置かない理由については、おわかりですね。

回転テーブルとは、会食者全員で共有する〝舞台〟のようなもの。「美しいもの」「料理」「調味料」だけを載せることが原則です。

レンゲに「正しい持ち方」があるって本当？

答え

ありります

スプーンの持ち方はNG
正しく持つと美しく見える

中国料理の原則は「器を持ち上げない」

中国料理のコース料理は、①前菜、②主要料理（肉や魚を使ったメインの料理）、③スープ、④ご飯や麺類、⑤点心（デザート）という順序で提供されます。

和食と同じく、箸を使って食べるものがほとんど。さほど迷うことはないはずです。とはいえ、あまり知られていないのが、「③スープ」「④麺類」のいただき方でしょう。ここでは中国料理ならではの「スープ」「麺類」の食べ方についてお伝えしていきます。

中国料理では「スープ」のことを「湯《タン》」と呼びます。澄んだスープ「青湯《チンタン》」と、とろみのついたスープ「羹《ゴン》」の2種類があります。集餐と分餐、いずれのスタイルでも供されます。

スープは、一口分をレンゲですくい、音を立てないようにいただきます。

「麺類」になると、少し複雑になります。

「レンゲと箸」、両方を駆使して食べるのが作法です。

「和食なら、麺類も箸だけで食べることができるのに！」

そう思うかもしれません。ただし、その点こそ和食と中国料理の大きな相違点。和食のように「器を持ち上げること」も「汁物をすすること」も、中国料理では禁じ手とされています。

驚かれるかもしれませんが、中国料理ではスープを始め、麺類の入った器（碗《わん》）までも、テーブルに置いた状態のまま食べるのが常道です。中国料理をいただく場で、テーブルから持ち上げてよいのは「茶器」だけなのです。

こうすれば麺類・汁物の食べ方が上品に！

「器を一切持ち上げずに麺類を食べるなんて、いったいどうやって？」

その答えは簡単です。**レンゲを「受け皿」として使います。**

麺類などの汁のあるものを食べる際は、右手にお箸を、左手にレンゲを持って食べます。麺をお箸で取りレンゲに載せて少しずつ受けながら食べると、音も立たず汁も飛び散りにくくなり、スマートに食べられます。

麺を食べるときは、箸だけでなくレンゲを上手に使うのがコツです。汁のある麺はレンゲで受けながら食べ、汁を飲むときは右手にレンゲを持ち替えて飲みます。

焼きそばなどはそのまま箸で食べます。

気をつけたいことは、日本のそばのように音を立ててすすりながら食べたり、麺が載ったレンゲを直接口へ運んで食べたり、お箸を持ったままスープを飲むことはしないということ。

また、**何より重要なのは「ズズズとすすって食べないこと」**です。洋食の章でもお伝えしましたが、中国人に限ったことではなく、日本以外のほとんどの国が、食事中のズズズという「すすり音」をタブーとしています。

意外に知らない「レンゲ」の〝正しい〟持ち方

最後に、レンゲの持ち方についても触れておきます。

「今さらレンゲの持ち方？」なんて軽く見ないでくださいね。実は、ほとんどの日本人がレンゲの正式な持ち方をご存じありません。柄を下からつかむように持つ「スプーン持ち」をしている人がほとんど。しかしレンゲを正しく持つことで、より扱いやすく、そして美しく見せることができるのです。

レンゲの正しい持ち方の鍵は、その「溝」にあります（溝がないレンゲは、そもそも「略式」と理解してください）。

人差し指をレンゲの溝に入れ、親指と中指ではさんで持つ。

そして斜めになった部分に唇を当て、汁を流し込むようにしていただきます。

多くの日本人にとって、この一連の動作は馴染《なじ》みがないかもしれませんが、以前本場中国の上流階級の60代のマダムとお食事をご一緒させてもらったとき、私はこの動作を目の当たりにし、その自然に身についたエレガントな振る舞いに感銘を受けたことがあります。

それはもう無意識レベルで行われている、指先までなめらかな、流れるような動きでした。

また他の機会に、若い中国人女性にお会いしたときのこと。「レンゲの正しい持ち方って、こうでしょう?」とレンゲの正式な持ち方をお見せしながら尋ねたところ、「初めて知りました!」と返されたことがあります。

現代では一般の人たちにまで広く浸透している作法ではないのかもしれませんね。

使用後のレンゲは、碗の中でも、受け皿の手前でも、どちらに置いても大丈夫です。

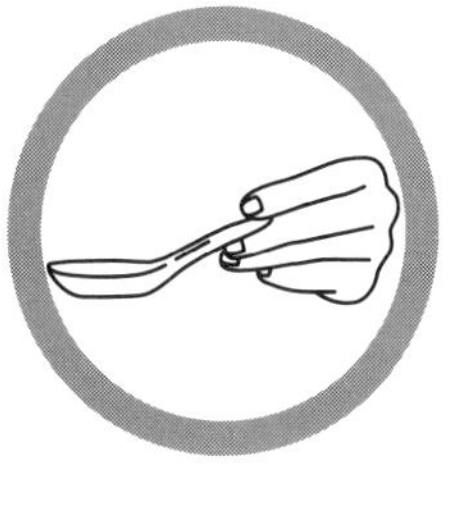

中国料理で何度も乾杯するのはなぜ？

答え

歓待の証です

心を許し合った者同士と示すのが
乾杯の意味

もてなす側の財力を「見せつける」のが中国料理

本場中国では、**「自分にはこんなにすごい力がある」と誇示することが、宴席の目的のひとつ**です。ですから招く側は「食べきれない量の食事」を提供します。

そして忘れてはならない要素が「お酒」。「自分の財力（権力）を誇示する」という目的に加え、**「相手が腹を割り、心を許し、心の距離を縮めてくれたこと」の証**として何度もお酒を酌み交わします。

中国料理流のお酒の飲み方は、世界的に見ても特異なものです。

洋食でも、和食でも、手元にお酒があれば、自分の好きなペースで飲むのが通例（会食の最初に一度乾杯をしたあとは、おかわりも含めて自由なタイミングでいただくものです）。しかし中国料理の席では、ひとりでお酒を飲むことはありません。

「誰かを誘って飲むもの」、それがお酒なのです。

たとえば招いてくれた人に、「今日はお誘いありがとうございます」「◎◎さん、お世話になりました」などと感謝の言葉を伝えて、双方の杯にお酒を満たし、同時に飲みます。

乾杯のとき、中国人は基本的に、グラスを飲み干す「干杯」です。「半杯」（半分のみ飲むこと）や「随意」（飲み干さないこと）は、腹を割っていないとされます。自分が飲めないときには自分の代わりにお酒を飲んでくれる人を一緒に連れていくことが一般的です。

すべてを飲み干す「干杯」は、飲み終わったあとはグラスの底を見せ合い、お酒が残っていないか確認し合います（ひとりで飲むスタイルは、ホストにも、他の会食者に対しても大変無礼なこととされています）。

反対に、自分が誰かに誘われたときは、快く応じるのがお約束。グラスが空ということは、「乾杯が可能です」というメッセージになるからです。

このように「何度も違う相手と乾杯すること」が大前提のため、中国料理のお酒のグラスは、小さめのサイズが主流になっています。要は誘い誘われ、飲む量を競い、駆け引きをしながら人間関係を深めることが、中国料理の本質なのです。

「私、お酒がまったく飲めないんですけれど……」

そういう人も多いはず。かくいう私も、体質的にアルコールをいただくことができません。下戸の人は、最初から飲酒できないことを断って、中国茶を注文しましょう。

自分が食べる量・飲む量をきちんと「知り」「伝える」食事

つまり中国料理の場においては、自分が飲食できる量を自分で管理するだけでなく、相手や周囲に表明する姿勢が大事なのです。

たとえば、誘われるがままに「干杯」を繰り返していたら、あっという間に酔いつぶれてしまいます。

アルコール耐性がない人の場合、体を壊すことになりかねません。自分が飲食できる量を把握し、コントロールする姿勢が大事です。

以前、私は中国に詳しい知人にこう助言してもらったことがあります。

「千恵美さん、中国の企業から会食に招かれた場合は、とにかくすごい量の食べ物でもてなされるから驚かないで。また、お酒については気をつけて。飲めない体質なんだったら、どんな席に招かれても『飲めない』を徹底すること。『ごく少しだったら大丈夫』『この人たちとなら、飲んでもいい』などと、例外をつくってしまうと、その噂《うわさ》が広まって、信用問題に関わりかねない。とにかく中国人同士の接待では、下戸の人は『お酒を飲んでくれる代理の人』を連れていくぐらい、お酒を一緒に飲むことを重んじるの。それが、中国では信頼関係を深めることになるのよ」

つまり、相手が食事を振る舞ってくれる以上、招かれる側はその背景を理解する必要があるのです。そういった文化であることを忘れないようにしましょう。

中国料理でのお酒の6種

ではいったい、中国料理ではどんなお酒をいただくことができるのか、ご紹介しておきましょう。「中国＝紹興酒」というイメージが強いようですが、実は中国では紹興酒はあまり飲まれていません。中国のお酒のバリエーションは非常に豊かで、細かく分ければその種類は膨大な数になります。一般的には次の6種類に分けられます。

①黄酒《ホワンチュウ》

老酒《ラオチュウ》を代表とする発酵酒の総称。中国に最も古くからある酒で、うるち米、もち米、黍《きび》などから米作地方でよくつくられる醸造酒です。長期熟成された黄酒は老酒と呼ばれます。代表格は紹興酒です。

②白酒《パイチュウ》

蒸留酒の総称。「焼酒《しょうしゅ》」あるいは「火酒《かしゅ》」とも言われます。

③薬酒《ヤオチュウ》

黄酒、白酒、果酒などに、漢方薬材を漬け込んだ滋養強壮のお酒。「医食同源」（健康増進のためには医療も食事も本質的に同じという思想）を重んじる中国ならではのリキュールです。

④果酒《グオチュウ》

葡萄《ぶどう》酒やリンゴ酒など果実を原料としてつくる醸造酒と、白酒をベースに果汁を配合してつくるお酒の総称。全体的に味わいが濃厚で甘口であることが大きな特徴です。代表格は赤ワイン、白ワイン。アルコール度が12～16度と低く、食前酒などに向いています。

⑤啤酒《ピイチュウ》

ビールのこと。有名な中国メーカーに青島《チンタオ》ビールがあります。

⑥外来酒

ウイスキーやブランデーなどを指します。

中国料理でのお茶の6種

また、中国といえば「お茶」。その数は千種類以上とされますが、次の6つに大別できます。昔の上流階級はこれらのお茶を「薬用」として重用していましたが、時代が下るにつれて「飲用」として広く普及するようになりました。

①緑茶《ルウチャ》

中国で最も生産量が多く、一般的に飲まれているお茶。日本の緑茶のように蒸すのではなく、釜炒《かまい》りをしてつくる製法の不発酵茶です。そのため、摘《つ》みたての茶葉の香りが生きています。中国ではガラス茶器や蓋碗《がいわん》で淹《い》れられ、最も身近なお茶として親しまれています。

②青茶《チンチャ》

「半発酵茶」に分類されますが、発酵度は幅広いです。数々の銘茶が存在します。代表格は「烏龍茶《ウーロン》」。青茶は特に人気が高く、福建省、広東省、台湾の一部などでしかつくられていません。香りが魅力的で、工夫《クンプー》茶器での淹れ方が生まれました。

③白茶《バイチャ》

白茶は弱発酵茶で主に福建省でつくられ、生産量も少なく貴重なお茶です。約900年も前から存在し、「献上茶」として歴代の皇帝たちが好んで飲んでいたとされます。贅沢を象徴する中国茶のひとつです。

④黄茶《ホワンチャ》

入手困難なお茶。白茶よりも歴史が古く、唐の時代から記録が残っています。緑茶に近い味わいの弱後《じゃくご》発酵茶で、水色が黄色いことが名前の由来です。

⑤紅茶《ホンチャ》

中国紅茶は、全発酵茶または完全発酵茶です。最初に紅茶が生産されたのは福建省で、そのルーツは16世紀頃にまでさかのぼります。19世紀にはインドやスリランカで多くが生産されるようになり、中国紅茶のイメージは薄らぎました。

⑥黒茶《ヘイチャ》

日本でもダイエット茶としてブームになったプーアール茶を代表とするお茶で、製造工程で微生物を繁殖させてつくる後発酵《こうはっこう》茶です。さまざまな形に固めた固形茶や散茶があります。独特の熟成された味わいと香りが特徴で、香港では日常的に飲むお茶として欠かせません。ワインのようにヴィンテージ品が存在することでも知られています。

点心は一口で
パクッと食べていい？

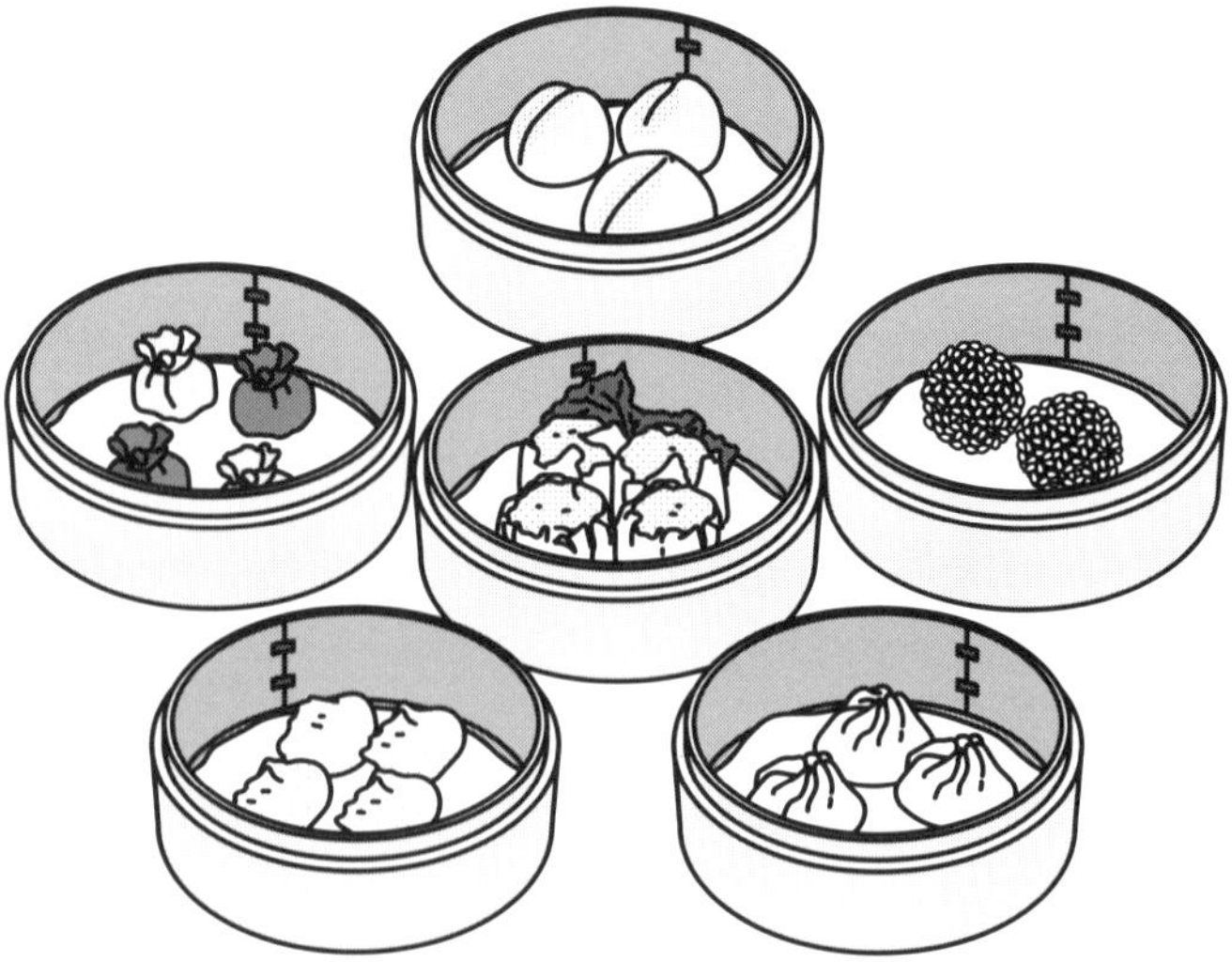

答え

大きいものは一口大に

中国人は基本は一口で食べますが、
大きいものは一口大で

点心とは「間食」「小食」を意味

①前菜、②主要料理（肉や魚を使ったメインの料理）、③スープ、④ご飯や麺類、⑤点心（デザート）という順序で供される中国料理。最後に「⑤点心」を中心に、お話ししておきましょう。

点心はかわいらしい見た目ですが、熱々で提供されることもあり、美しい所作でいただきたい一品です。

「点心」という言葉には間食、非常のときの食、小食、という意味があります。また「塩味《えんみ》」と「甘味」の2種類に分けられます。それぞれ、説明いたしますね。「塩味」とは軽食的なものです。具体的には「餃子《ギョーザ》」「焼売《シュウマイ》」「小籠包《ショーロンポー》」「春巻」「中華まんじゅう」など。また、これらの「塩味」を中国茶とともにいただく習慣のことを

「飲茶《ヤムチャ》」と言います。

一方「甘味」とはデザート的な位置づけになります。

「杏仁豆腐」「タピオカココナッツミルク」「マンゴープリン」などが挙げられます。

一口で食べられないものは「箸で切る」が原則

このように「塩味」に共通する原則は、「一口大にして口に運びいただくこと」です。いずれも、具が熱い場合が多いので、食べ方には注意が必要です。

ここまで挙げたなかで、それが最も難しいのは「春巻」でしょう。

洋食の肉料理や魚料理と同じく「全体をいっぺんに切る」のではなく、一口大にその都度切って、いただきます。パリパリの皮が飛び散らないよう箸で上から軽く押さえて一口大に切っていただきます。

「水餃子」の食べ方は、レンゲを「小皿」代わりにして、お箸で口に運んで食べます。

前の「麺類の食べ方」を思い出してみてください（236ページ）。

一口で食べきるのが難しい場合は、レンゲの上で一口大に切り分けて食べます。中が熱いので、やけどに注意しながら食べましょう。

「すべて適温」で出てくる和食と異なり、熱々で供されることがあるのが、中国料理。やはり「繊細」というよりは、どこか「ワイルド」なのです。

「焼売」も、一口で食べられない大きさのものは一口サイズに切り分けてから、食べます。

「小籠包」の食べ方は、レンゲを小皿代わりにして食べる「水餃子」のそれと似ています。小籠包は「小さな肉まん」ではありません。熱々のスープが仕込まれています。水餃子同様、中が熱いので、やけどに注意しながら食べましょう。

小籠包の正しい食べ方は、レンゲに載せて、薬味を加えてそのままいただくか、レンゲの上の小籠包の上部に箸で穴を開けて中の肉汁を少しいただいてから口に入れる、というものです。

✧ ✧ ✧

肉まんは、やっぱり手で持ってOK

私たち日本人に馴染《なじ》みの深い「肉まん」も、「点心」の「塩味」に分類されます。とはいえよく見かける「手のひらサイズ」ではなく、より小さなものであることがほとんど。中の具は、「ひき肉」、もしくは「チャーシュー」などです。こちらは手で食べてかまいません。

意外に思われるかもしれませんが、正式な中国料理の店でも、肉まんは素手でいただいてもOKです。手で真ん中から割り、食べやすい一口大のサイズにちぎって食べましょう。

北京ダックの「漏れない」「飛び出さない」きれいな食べ方

最後のご紹介になりましたが、高級中国料理の代表格と言えば「北京ダック」です。「北京ダック」とは、言わずと知れた「食用アヒルを1匹まるごと焼いた料理」。その「皮」だけをいただくという贅沢さで有名です（コースの中では主要料理に分類されます）。

皮状の薄餅に、ダックの皮、キュウリ、白髪ネギなどを載せ、タレ（甜麺醤《テンメンジャン》などの甘い味噌）をつけて巻かれた状態で供されるのが通例です。素手でも箸でも、好きなスタイルでいただきましょう。ただし箸でいただくほうが、より上品です。

一口で食べられるものではないですし、「一口大」に切り分けることも困難なので、何回かかじりながらいただくことになります。袋状に巻かれているため「閉じられたほう」と「口の開いたほう」がありますが、かじる際は「口の開いたほう」から。そうでないと、中身がどんどん飛び出したり、タレが漏れたりしてしまいます。

取り皿が手近にあるときは、そこにいったん戻しながら食べてかまいません。かじった側は自分のほうに向けるように配慮するとエレガントです。

日本人ならではのエレガンスは、どんな外国料理の場でも活きる

さて、以上が中国料理です。ここまで、和・洋・中と、それぞれのコース料理での「知的な食べ方」をご紹介してきましたが、いかがでしたか？

「すべての料理の作法について、把握するなんて到底できない」

と、不安に思う必要はありません。

作法の専門家でもない限り、「全作法の丸暗記」には何の意味もありません。そんなことに労力を使わず、まずは生まれ育った自国の作法を、しっかり体得すること。

そして、新しい文化に触れたとき、そのマナーを「知らない」と気づいたら、自国

の作法でよいのです。

自国の作法は、自国の歴史の集積。それらを重んじる姿勢は、外国の人から見ても非常に尊いものです。

たとえば、各国から人が集まる格式高い場に呼ばれたとき。高級ブランドの最新型イブニングドレスより、着物を着て出席するほうが正解です。なぜなら日本人にとって最上級の正装は、民族衣装である着物だからです。なにより、日本人ならではの着物姿は、他国からの参列者に喜ばれることでしょう。

また、中国料理の円卓で自分が調味料を使ったあと、隣の人に「どうぞ」とそれをすすめることは「中国料理の作法」ではありませんが、細やかな心遣いを身上とする日本人らしい、素晴らしい振る舞いと言えます。

そう思えば「和食の作法を知りたい」「日本の歴史をもっと知りたい」、そんな気持ちも湧き起こってきますよね。

中国料理phrase21

教養フレーズ105

64 中国料理は「歓待」と「富アピール」が背景

65 中国料理のもてなしを受けるときには「遠慮」は失礼にあたる

66 「皿が空いたら次の料理を追加する」というおもてなし。残してよい文化

67 大皿を取り分ける「集餐」、1人前ずつの「分餐」

68 和洋とは違い、熱々のものが供されることがある

69 手で食べるのは「北京ダック」（箸の場合も）と「まんじゅう」

70 中国料理は、茶器以外は「持ち上げない」原則

71 広大な国土を背景に中国には「左上右下」も「右上左下」もある

72 装飾品として鑑賞するためテーブルクロスをかけないことも

73 回転テーブルの始まりは日本、「右に回す」が基本

74 回転テーブルに載せてよい「料理、調味料、装花」

75 回転テーブルに載せてはいけない「酒、取り皿、グラス、下げ物」

76 中国料理の「乾杯」は何度も行い腹を割っていることを確認

77 大皿料理の「残り」を自由に取っても構わない

78 席を立って料理を取るのはマナー違反。必ず座って料理を取る

79 中国茶はおもに6種、「黄茶」「白茶」が希少なもの

80 お茶やお酒も、基本的には自分でつぎ足す

81 「集餐」では使い終わったお皿は重ねてOK

82 汁物はレンゲでひと口で飲める量だけすくい、音をたてない

83 レンゲは人差し指を溝に入れ、親指と中指ではさんで持つ

84 点心も「一口大」が原則。一口大に切って口に運ぶ

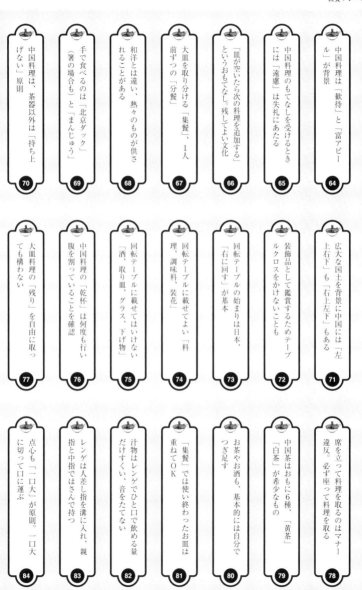

終章

実践！おとなの清潔感をつくろう

実録ルポ

初心者が挑戦「教養ある食べ方」和食編

実録ルポ

初心者が挑戦！「教養ある食べ方」和食編

——松井先生に、聞き取り形式での取材を終えた担当編集者・英恵《はなえ》。和洋中、それぞれのお店で実際に「食べ方」の手ほどきを受けることに。教わったばかりの知識をさっそく活かすことができるのか？　都内の某老舗《しにせ》料亭で待ち合わせ、テーブル席につくふたりだが……。

◆箸留めを外した瞬間に湯飲みを倒す、という地獄絵図

編：無作法なところがあれば、ビシバシ指摘してくださいね。仕事柄、改まった場所に行く機会もありますが、正直に言いますとこれまで笑って済ませてきた感が否めません。今日は松井先生から伺ったことを思い出して、エレガントに食べることを目指します！

松：英恵さんなら、きっと大丈夫。今日はこの**「懐紙《かいし》」**1包を、英恵さんには特別に

差し上げますね。これを自由に活用しながら、召し上がってみてください。

編：わっ、こんな素敵なものをいただいてしまって。ありがとうございます！

松：口元や手指をふいたり、あらゆることに使えます。あら、さっそく**「先付《さきづ》け」**が運ばれてきましたね。

編：素敵！　小さなお皿が3つも！　見たことがないお料理だけど、何でしょうね？

松：テーブルにある「お献立」の「先付け」と書かれたところを見るとわかりますよ。「一寸豆塩蒸し、岩茸《いわたけ》、よりうど」「菜の花と赤貝の黄身酢」「鴨《かも》、キュウリ、出汁《だし》巻き」、3品の名前が並んでいるでしょう？

編：なるほど。でも、献立に書かれている順番通りに並んでいないみたい。なぜ？

松：献立に書かれた「先付け」の順番は、料理長が料理「字面」の雰囲気で決めているそうです。ですから、**皿の配置の順列や、食べる順とは関係ない**と思ってＯＫです。

編：そうなんですね、ここはこだわりすぎなくていい、と。ではさっそくいただいちゃいましょう。

――利久箸の中央に巻かれた「箸留め」を元気よくビリッと破る。勢いあまって腕が湯飲みに当たって倒れ、お茶がテーブルにこぼれる。一面がお茶の「海」に……。

編：キャー！　どうしよう！　す、すいませーん！

松：あわてないで大丈夫。粗相をしたときの対応で、その人が場慣れしているかどうかがわかってしまいます。手を上げれば、もしくは目線を合わせるだけで、すぐ来ていただけますから。（松井先生の視線に気づいた店員が飛んでくる）

◆串に刺された料理はどうする？

松：では、「箸留め」の外し方からおさらいしておきますね。私のお箸を見てください。これが、取材時にお話しした**「箸留め」**。これを破ると目の前の人とのご縁を断ち切ることになりますからね。（目の前で、箸留めを損なわずに箸を抜いて見せる）

編：先生、エレガントすぎます！　でも難しそう！

松：水平に持って左手で支え、右手で上の箸をすーっと左方向に押せば、箸留めは力を入れることなく抜くことができます。それから、和食の場合、**「先に行動する**

のは上座の人」、と決まっています。着席するのも、箸を手に取って箸留めを外すのも、運ばれてきた料理に手をつけるのも、すべて「上座ファースト」。お腹がすいていても、急いでいても、「上座」の人を確認しながら、また全体の流れを見ながら、食べていきましょう。今回はいい練習ですから、私を「上座」の人と思っていただいてください。

編：はい、ありがとうございます。未熟すぎてお恥ずかしいかぎりです。こんなにおいしそうなお料理が目の前に運ばれてきたものだから、つい。

松：では、仕切り直して、先付けをいただきましょう（先付けに箸をつける）。先付けで、細かい料理が複数出てきた場合、食べる順番に決まりはありませんが、淡白な味のものからいただきましょう。和食では**「左から右（手間から奥）」**という原則で食材に手をつけていきますが、食べ散らかしたようにならなければ、あまり気にしすぎなくてもよいですよ。

編：はい！　では串刺しになったこの鴨から。いっただっきまーす（串を直接口に運び、先端に刺さった出汁巻き卵を口に入れる）。うん、おいしい！

松：英恵さん……。確かにこれはお伝えしていない作法でしたが……。**串物を食べるときは、お箸で具をひとつずつ外し、その都度口に運ぶ**ものなんですよ。ご家庭では、「串に直接かぶりつく」という食べ方で問題ないんですけれどもね。

編：ええっ？　ワイルドすぎてごめんなさい！（串からキュウリの飾り切りを外し始める）。でも、串からいちいち外すのって面倒くさい。先生は、まさか焼鳥屋でも串からお肉を外して召し上がるんですか？

松：いえいえ（笑）。この食べ方は、料亭などで会席料理をいただくときだけ。焼き物の専門店の串物は、そのままいただきますよ。串打ちという職人さんのせっかくの技に対して失礼でしょう。

編：やっぱりそうですよね。で、食べ終えたあとの串って、どうすれば？

松：お皿の向こう側に置いておきましょう。自分から遠いほう、つまり「外側」です。

――そこに、蓋付きのお吸い物が配膳される

編：来ました、椀《わん》物。お椀の蓋って、いつもうまく開けられないんです。なんなら一度、こぼしたことまである（蓋に手をかける）。

松：まあまあ、落ちついて。お椀の縁を両側から押すと取りやすくなりますよ。

編：あ、確かにそう聞いた覚えがあります。よいしょ（蓋を取り、そのままお膳の上に伏せた形で置く）。あ、まさかのハマグリです！　うれしい！（箸をむんずとつかみ、お椀を持たずに汁物の中のハマグリを、手皿をしながら口に運ぶ）。

◆「好きなものは最初に食べる」、そんなマイルールは封印！

松：英恵さん……。今日って、このあとご予定でもあるんですか？　急いでます？

編：いえ。松井先生と、ゆっくりお食事をいただくつもりでやって参りましたけど。

松：そうでしたか？　英恵さんとご飯をご一緒すると、なんだかあわただしい気持ちになってしまって。というのも、いろんな作法が雑に扱われているから。

編：なんと！　そんな印象を大切な方に与えてしまっていたとは、大変申し訳ないです。いつもそんな風に思われていた可能性大ですね……。

松：いえいえ、せっかくのこの機会に、要点を押さえることができればそれでいいのです。私のテーブルマナーは、形だけを覚えていただくものではありません。その理由や文化背景をきちんとお伝えしますから、覚えようとしなくとも、自然と身につきます。では、先ほど講義しましたが、おさらいをしますね。1つ目は、**懐紙**を用意すること、2つ目は、**「目上」の人よりも前に料理に手をつけない**こと、3つ目は**「箸留め」**から箸をうまく抜く方法、4つ目は**串物の食べ方**、5つ目は、吸い物の蓋の扱いです。蓋の内側についた水滴をこうやって回して落として**「露切り」してから、お膳に置く。そのとき、蓋の向きは、水滴がお膳につかないよう裏返し**ましょう。

編：水滴？　あ……そういえば頭からすっかり抜け落ちてました……。（蓋を裏返す）

松：6つ目は、吸い物のいただき方。**具より前に、出汁**をしっかりいただきましょう。そのお店の格がわかりますから。7つ目は、お箸と器の関係。**器を先に持ってから、お箸を「三手《みて》」で扱う。**和食の基本の「き」です。そして8つ目は、器、つまり**お椀は持って食べてよい**ということ。「大皿以外の器は持っていただく」というのが和食の基本ですから。9つ目は、**手皿をしない**こと。そして10個目は、一度かじった残りを、器に戻しましたね？　あれはNGです。

編：私の和食のNG作法「10大」どころじゃ終わりそうにないですね。何から何まで、正直初めて知ることばかりで、恥ずかしくて消え入りたいくらいです。

松：大丈夫、最初は誰でもそうですよ。とりあえず最後まで食べ終えることが大事です。楽しくいきましょう。

――「向付《むこうづ》け」が配膳される。

編：お刺身、きましたね。手前に「白身」、奥にいくと「赤身」ですね。こんな場合は「特に好物のマグロの赤身から」っていうのがマイルール。「好きなものは最後に」という人、ちょっと信じられないんですよね。

松：英恵さん……。そのお気持ちもわかりますが、「マイルール」を発揮するのは、ご家庭内だけに留めるとよいかもしれませんね。ここは一流の料亭です。ちょっと「ハレの日」のマナーに着替えませんか。

編：「マナーを着替える」？　それは素敵な響きです！

松：「ハレの日のマナー」は、**縦に盛りつけられたものは、「手前から奥へ」**というのが原則なんです。

編：そうでした。手前からだと、確かに食べやすいです。

松：おっしゃる通り。手前からお箸をつけていくほうが、無理もないですし合理的ですよね。なにより、美しい盛り付けを崩すことなく最後まで美しくいただけます。

編：大変納得です。マイルールは封印して「手前から奥」ルールでいきます！

◆文字通り「右」も「左」もわからない……！　子持ち四十路エディターの悲哀

――尾頭付きの「焼き魚」が配膳されてくる。

松：いよいよ「焼き物」、会席料理のメインです。尾頭付きの魚には骨がたくさんあるので、気をつけてくださいね。

編：わかりました。実は私、魚の食べ方にだけは自信があるんです。海の近くで育ちましたから、きれいに食べられますよ！

松：まあ、それは頼もしい。その力は、英恵さんのひとつの財産ですよ。

編：まかせてください！「魚の食べ方」は、もはや我が家のお家芸で……。（上身の右、尾のほうから箸をつけ始める）

松：あ、そちらは尾のほうですね？ **お魚は、頭から尾に向かって食べる**、という原則、先ほどお伝えしましたよ？

編：そ、そうでした……。「尾はよく動かすから、頭よりも身が引き締まっておいしい」って聞いたことがある気がして。頭から尾、でしたね。

松：おいしさという面で言っても、頭から尾へといただいたほうが、最初から最後まで、おいしくいただくことができます。ここでもハレの日のマナーへと、着替えておきましょうか？

編：はい！ お魚を食べるのはもともと好きなので、もっと美しく見えたら最高です。

松：「手前から奥」という食べ方に加えて、**「左から右」という食べ方**。覚えていますか？ 尾頭付きのお魚は、お店で出される際、必ず向かって左に頭、右が尾と決まっています。鮮魚売り場でもそのように売っていますよね。頭から尾、つまり、左から右なんです。

編：あ、**「左《さ》上《じょう》右《う》下《げ》」**ですね！

松：そうです、英恵さん！ よく覚えていました。日本の伝統作法の「左上右下」です。「左」が上位。ですから一皿のなかでも「左側」から「先に食べる」。その言葉そのものを忘れてしまったとしても、「お米と味噌汁」の位置関係を思い出せば大丈夫。「お米」が左、「味噌汁」が右という原則は、体にしみ込んでいるでしょう？　「お米と味噌汁、日本人はいったいどちらを大事にしてきたか」と考えると、思い出せます。もちろん、より大事なのは主食の「お米」で、左に置きますよね。だから「左」が優先なんです。

編：なるほど！　小さい頃から体にしみついた習慣は、忘れにくいですね。

――英恵が箸をつける向きが「左から右」に変わる。無事に上身を食べ終えるふたり。

編：いやぁ、とってもおいしいですね。魚の身をほぐすときは、もう言葉も出ないですよ（片手を添えて、箸で魚をペロンとひっくり返す）。

松：英恵さん……。こういうお店では、**魚は「ひっくり返さない」**ものです。

編：わ、しまった！　つい、いつものクセで。「上身」を食べ終わったあとは、どうやって「下身」を食べるんでしたっけ？

松：ちょっとコツが必要ですが、**左手で魚の頭を押さえながら、中骨の下に箸を通して、身から骨を外す**んです。きれいに外れたら、皿の外側に移動させて、また左から食べ始めます。

編：それは練習しなくては。長年のクセで、魚はいつもひっくり返してしまっていました。

松：ご家庭なら、それで問題ない、と言いたいところですが、ハレの対極の「ケ」の席でもひっくり返さない、が原則です。粗相のもとなので。また、魚に触れる必要があるときは、懐紙を使うといいですよ。手を汚さないためにも。

編：ああ、そうなんですね！　懐紙をそんな風に使ってもいいとは。

◆老舗料亭にて、「桜餅手づかみ食い未遂事件」？

——その後、「煮物」「揚げ物」「止め椀」「ご飯」などを食べ終えたふたり。「甘味」の桜餅が運ばれてきた。

編：先生、お腹いっぱいですね。もちろん甘いものは別腹、大歓迎ですが、もし、ダ

実録ルポ

イエット中に会食に招かれて、どうしても食べたくないものが出たら、どうすればいいんでしょう？

松：先にお店に伝えられればスマート。それが難しければ器に残しても、大丈夫。

編：でも和食って、「全部残さず食べること」が美徳なんでしょう？

松：とはいえ、昔と現代では、事情が違いすぎますから。**和食といえども自己申告はしていいんです。**いえ、むしろするべきです。今は食品アレルギーの問題もありますしね。やむなく残すときは、器の上に懐紙をかけると悪目立ちしません。蓋付きの器の場合は、蓋をしてしまえば大丈夫。「下げてください」のサインになりますから。じゃあ、桜餅をいただきましょう。

——太い楊枝《ようじ》状のもので、桜餅を切り分け始める松井先生。

編：……先生、私思わず素手で取ろうとしてしまいました。お恥ずかしい。

松：この太い楊枝を使って切り分けるほうが無難です。この楊枝、**「黒文字《くろもじ》」**っていう高級な木でつくられているんです。そもそも、手づかみはハレの席にはふさわしくないかもしれませんね。ご家庭ではその食べ方でもまったく問題ないのですが。

編：はい、私はそもそも「一口サイズに」という精神に欠けていて、「デカいものを一口で食べきることこそ合理的」と根本的なカン違いをしてました。すみません。

松：でも、合理的という精神は、和洋中、すべての食事において求められる姿勢ですよ。けれども「ワイルドすぎる方向」にいきすぎなくてもいいでしょうね。それじゃ中世に逆戻りしちゃいますから。大きなナイフで肉を切り分けていた、あの暗黒時代に……。

編：添えられた楊枝を無視して、手づかみで食べちゃってる時点で〝縄文〟だわ。いやいや、猿だって道具を使うんだから「猿以下」!?

松：まぁまぁ、今回のこの機会に大きく変化すればいいだけですよ。「テーブルに出された食器の類は、その気持ちを大切にするためにも、大事に使う」。そんな姿勢がよいですね。

編：今日の「実戦」のおかげで、次にこういった場で食事をするときには、各段に美しく食べることができる気がします。でも、お茶をこぼしたり、大騒ぎしたりと、

先生どころかお店の皆さんにも大迷惑をかけてしまった気がします。こんなときこそ、アレが必要ですよね。大人として、お店の方にも誠意を見せる「チップ」なるものをお渡ししたいんですが、どうでしょう？

松：英恵さん、素晴らしい点に気づきましたね。和食の場合、チップのことを**「心付け」**と呼びます。現在は、結婚式場や旅館では心付けを渡すことはありますが、日本のレストランでは、和洋中問わず、ほとんど渡す習慣がありません。ですが私は、失礼なことがあったり、粗相をしたときなどには、お渡しするとよいという考えです。たとえば今回のようにふたりでお店にお邪魔したときは、千円以上。4人以上は二千円以上が相場かしら。

編：心付けは、各自がレジで、会計とは別にその金額を払うんですか？

松：いいえ。代表者ひとりが、この相場以上の紙幣を懐紙に包んでこっそり渡すのが理想です。会計よりあとになっても大丈夫。優先すべきは「目立たないこと」です。

編：なるほど。これ見よがしに、他のお客さんたちに見えるように渡すと、お下品ですものね。

松：心付けをスマートに渡す姿は、とても〝粋〟でエレガントですよね。

編：あぁ、私ももう四十代。これまでこっそり人の真似をしてごまかしてきた食事の所作、ここで一発逆転、きちんとした大人に見せたいです。大人の清潔感って、食べ方に表れますよね。いい年して、食べ方が汚い、なんて言われたくない！　子どもたちには、きれいな食べ方を教えたいですし。

松：大丈夫、きっとできますよ。

編：さっそく、今日教えていただいたことをおさらいしなくては。先ほど千恵美先生に教えてもらった10個に加えて……。ええっと、11個目は、尾頭付きの魚の食べ方。**「左から右」「頭から尾」が原則**で。上身を食べたあとは裏返さず、中骨を抜いて下身に箸をつけること。12個目は、魚の身をほぐすなどの作業は、懐紙などでうまく隠すこと。13個目は、なんらかの器具が添えられていたら、無視せずそれを使うこと。14個目は、特殊なもの以外は**手づかみをしない**こと。15個目は、**大きなものは必ず一口サイズに切り分けて口に運ぶ**こと。

実録ルポ

松：場数を踏めば、「ハレの日のマナー」にも必ず慣れます。本物のエレガントな姿を目指して経験を積み重ねましょう。和洋中。すべての料理を私と学んだあとには、エレガントになっているはず。次は洋食のお店、予約をしておきますからね。

編：は、はい！（どうしよう、私の「マナー修業暗黒時代」の幕開けかも）

終章

実践！おとなの清潔感をつくろう

実録ルポ

初心者が挑戦「教養ある食べ方」洋食編

実録ルポ

初心者が挑戦！「教養ある食べ方」洋食編

――和食の実践レッスンから1週間。東京・銀座のフランス料理店の前で、松井先生を待つ編集者・英恵。これから「超人気店でランチコースをいただく」ということで、英恵は浮き足立っていた。

◆「上座」にみずから座る、というビッグすぎるミス

編：（心の声：取材メモを何度読んでも、和食では散々だったから挽回しなくちゃ！今日は憧れのフレンチコース。楽しみすぎる！　とりあえず「動作はなんでも左から右」というルールだけは押さえたぞ！）

松：英恵さーん！　こんにちは。

編：先生、今日はよろしくお願いします！　格式高いお店でちょっと緊張します。

松：大丈夫、英恵さんのいつもの明るさを忘れずに。洋食の大きな目的は「社交」な

んですから。失敗を恐れず楽しくいきましょう。

――松井先生のリードで、店内に入る英恵。ふたりはクロークに荷物を預け、テーブル席に案内される。店員が椅子をスッと引く。近くにいた英恵が、椅子の右側から入ってズドン！ と腰かける。次に店員が引いた椅子に、松井先生が、左側から入って腰かける。

編：この椅子、気持ちいい！ テーブルの上のお花も素敵。さすが人気店ですね。

松：英恵さん……。さっそくごめんなさい。老婆心ながらお伝えさせてもらいますね。

編：い、いけない！ 私、また何か粗相を……？

松：「上座」とか、「椅子の座り方」とか、考えたことっておありですか。

編：えーっと、確か「床の間の前が上座」って教えていただいたような気が。

松：それは和食の場合、それも特別なシチュエーションですね……。席次の大原則は、**和洋中問わず「出入り口から最も遠い席」が上座**です。そして**「最初にお店の人が引いた椅子」が「上座」**です。もちろん今日は実践の講習なので、「生徒役の英恵さんが上座」でもいいんですよ。でも目上の方への心遣いの練習と思って、私にいったん「どうぞ」と言ってくださるとよかったですね。

編：申し訳ございません！　すぐにお席を交換いたします！

松：ありがとう。お気持ちはうれしいけれど、改まったお店では、「上座の席替え」はなかなか厳しいですね。「上座」に間違って座ってしまい、冷や汗をかいた方の話は、何件も聞いたことがありますよ。「気づいたから」といって席替えなんて絶対できない。しかも料理は「上座から運ばれる」ため、最後まで微妙な雰囲気だったそうですよ。

編：私はまたなんと、取り返しのつかないことを……！

松：大丈夫です、今日はレッスン。レッスンではどんどん恥をかいてくださいね。失敗を恐れずにいきましょう。そういえばさっき、英恵さんは椅子に右側から腰かけたでしょう？

編：あの……。覚えてません。もう無意識で座っちゃいました。

松：そういう方、多いんです。「食事前だから」と気をゆるめすぎている。皆さんそうなんですが、カトラリーを手にしてからが「食事」って認識しているのかもしれませんね。でも「入店から食べ始めるまで」が前半戦。「食事中」が後半戦です。

つまり、皆さん気を抜いているんですが、ビジネスの会食の場合だと「格付け合戦」はすでに始まっているんですよ。

◆ナプキンは「きちんと使ってこそ礼儀」

編：気をつけます。しかし、「前半戦」はまだまだ続きそうでしょうか？

松：はい。ヤマ場がまだ終わっていません。ナプキンについて確認しておきましょう。

編：この四角いナプキンを、ひざかけ的に使えばいいんですよね？　よく映画館などで防寒用に借りる布と同じように。いつも下にズレ落ちてしまうんですがね。

松：ナプキンは、けっして防寒用ではありませんよ。服への汚れを防ぎ、口元や手先の汚れをぬぐうもの。だから、ひざからずり落ちるようでは意味がありません。食事中、常に「使う」ものなのですよ。

編：ではいったい、どうすればずり落ちないいんでしょう？

松：かんたんです。半分に折り、折り目の「輪のほう」を手前にしてひざに置いてみてください。「輪のほう」が重心になってくれるので、すべりにくく、落ちにくくくなります。

編：そういえば「輪のほう」について以前教えていただいた気が。（ナプキンを折ってひざに置いて）ナプキンのすべりにくい折り方、できました！

松：本当は「輪」にするというような形式的なことはあまり気にする必要はありません。食事中、頻繁に裏を使える状態であれば、半分に折らなくても、三角形に折っても、なんだってOK。そこは「本質」ではないですから。ナプキンは、和洋中、すべてのお店で通用するマナーですから、ぜひとも慣れてくださいね。

編：わかりました。ナプキンって、いつひざの上に広げたらいいんでしょう？

松：**全員が着席して、ホストや主賓の挨拶が終わって食前酒が運ばれてきたら**、ひざの上に広げます。

編：もうバッチリです！

――「グウゥウゥウゥウ！」と英恵のお腹が鳴った瞬間、店員がオードブルを運んでくる。皿の上には、アスパラガスが美しく盛り付けられている。

◆いくら汚くてもいい、でも徹底的に隠せ！

店員：オードブルは、白アスパラガスを使ったお料理です。白アスパラガスを「ゆでたもの」と「生のもの」とを、ミルフィーユ状に重ね、ピューレを添えた一品です。

――店員が料理を配膳して去っていく。

松：「オードブル」とは「前菜」のことです。和食の「先付け」と同じ感覚で自由にいただいてください。カトラリーは基本は外側から使いますが、オードブル用のナイフ、フォーク、スプーンもすべて使わなくてはならないということはなく、フォークだけを使うという食べ方も許容範囲なんですよ。

編：それはかなり自由ですね。ではさっそく、いただきます！（フォークで料理を突き刺し、「手皿」をしながら食べ続ける）ここからがいよいよ食事の始まり。「後半戦」というわけなのですね。いやぁ、おいしいです！　モグモグ……。

松：英恵さん！　洋食でも**「手皿」は厳禁**ですよ！

編：あぁ、私ったらまたうっかり！　でもフォークに刺した料理が大きくて、下に落としちゃいそうで。いったいどうすればいいですか？

松：〝そもそも論〟なんですが……。ナイフとフォークを使って、落とさない大きさにその都度切って、お料理を口に運ぶようにしましょう。

編：なるほど！　やっぱり横着してはダメですね。（ナイフとフォークで料理を小さく切り、食べ始める。途中で水を一口飲む英恵、グラスの縁には口紅がベッタリ）

松：英恵さん……。「グラスの縁」の話って、覚えていらっしゃいます？

編：グラスの縁？　えーっと、少々お待ちください。（取材ノートを取り出し、パラパラめくって探している）

松：**「グラスを見れば、育ちがわかる」**というこわーいお話です。

編：あ、思い出しました！　グラスを汚してはいけないというお話でしたね。私、すっかり忘れていました。失礼しました！（グラスの縁の汚れを指でぬぐい取ろうとする）

松：あっ、英恵さん！　それだけはお控えください！

編：しまった！　そうでした！

松：はい、残念ながら。それは西洋のマダムが言うには「ゾッとする行為」。そもそも手でぬぐわなくてよいように、事前に口元のメークをオフしておく。〝オフ〟と言っても口紅を取るのではなく、グラスにつく唇の部分をティッシュではさむように押さえます。するとグラスにべったりつくことはありません。そして**ナプキンは表側ではなく、裏側を使います**。メークに関係なく、食事の合間にもしょっちゅう口元をナプキンでぬぐうことが必要なんです。

編：それは、いったいなぜでしょう？

松：スープ、ソース、素材の脂分。口元は常に油性の汚れがつきやすい。それがグラスにつくと、他の会食者に「見えてしまう」からです。テーブルの上は社交の舞台。ナプキンはいわば見えない楽屋、バックヤード。だから、グラスを常に汚さないために、ナプキンはどんどん使っていいんです。

編：わかりました！　やってみます。（ナプキンの裏側で口元をぬぐい、グラスの水を飲む）

◆カトラリーの落下は、壮大な悲劇の序章だった！

松：汚れが可視化されるというのは、やっぱり避けたいものですよね。どんな料理でも「美しく食べる」という原則は、優先順位がかなり高いです。そういった意味で、今回特にお伝えしたいのは、パン、スープ、スイーツの食べ方なんですよ。

編：そのメニューでしたらおまかせください。実際に家でもよく食べてますから。我が家の子どもたちレベルでも、パンやスープは上手に残さず食べることができています。

——使用中のナイフと、料理を口に運んだあとのフォークを、松井先生に向けた姿勢のまま話し続けている。

松：それがですね、英恵さん……、ちょっと申し上げにくいんですが、家庭の躾《しつけ》では推奨される「残さず食べる」という姿勢が、こうした場では少し変わってくるんです。

編：なんと！　私、今までそうやって躾けてきちゃいました……。

——驚く英恵、思わず両手のカトラリーを床に落とす。

カラーーーン！

松：英恵さん、拾っちゃダメ！　あなたはどうぞ、座ったままでいて。

編：え？

松：和食の料亭で、湯飲みを倒したときのことを思い出して。あなたは常に堂々としているべきなんです。お店にいる間は「お客様」なんですから。
粗相をしたときは、その本質的な理由を見つけましょう。そして繰り返さないようにすることです。今回、カトラリーを落としてしまった原因は、英恵さんが「使っていない状態」のものを、手に持ち続けていたから。**使わないときは、お皿の上に「八の字」**で置くべきだったんです。そうでないと、落とす可能性は増えるわ、相手に知らないうちに刃を向けるリスクまで高まるわ……。デメリットしかありませんね。そもそも今、私に刃を向けていたこと、まったく気づいていなかったのでは？

編：あぁ、もう私、レッドカードですね。穴があったら入りたい！「**危機管理**」と

いう洋食の原則、忘れてました。もう、バカバカーー！

松：いいのよ、英恵さん！　みんな最初はそう。むしろ、マナーを体得するには「恥をかきなさい」って私はいつも生徒さんたちにすすめているくらいです。イタい思いをしないと、覚えないし、モチベーションも上がらない。

編：千恵美先生、なんてお優しい。泣けてしまいます。ブワッ！　あ、メークが崩れる……。こんなときこそ、ナプキンですよね。

——ひざのナプキンで涙をふこうとして、誤ってテーブルクロスをつかみ、涙をふこうとする英恵。その瞬間、卓上のものすべてが引っ張られ、食器や料理が落下する。

ガッシャーーーーーーーーン！

◆スープの残りをパンで掃除するべからず

——店員らが後処理をするため、離れたテーブルに案内されたふたり。

そこに新しく水、パン、スープが運ばれてくる。

編：千恵美先生、場慣れすることって大事なんですね。今回、よくわかりました。本当に申し訳ありません。

松：いえいえ。私は「マナーを体得しようと頑張る方」を手伝うことが使命。だから一生懸命な英恵さんに伴走できて、とっても幸せなの。オードリー・ヘプバーン主演の名作『マイ・フェア・レディ』はご存じ？

編：はい、タイトルは聞いたことがあります。

松：大人になってから、ファッションや言葉遣いなどから学び直して、上流階級に入っていくというシンデレラストーリーです。つまり、何歳からでもエレガンスは身につけられるってこと。大人になってから「東大に合格しなさい」って言われても困るけれども、振る舞いは心がけひとつで磨けるんです。

編：なるほど。では新たな気持ちで仕切り直しましょう！

松：じゃあ、スープをいただきましょうか。これはエビの濃厚なスープ、「ビスク」ですね。

編：はい。お、おいしそう！　ではいただきます。（左から右にスープをすくう）

松：英恵さん、もしかして「動作はなんでも左から右」って覚えていらっしゃる？

編：はっ。千恵美先生さすが、お見通しです。

松：**スープは「手前から奥」もしくは「奥から手前」**の2択です。

編：すいません！　またまたやってしまいました。

松：「手前から向こう」はイギリス式。「向こうから手前」はフランス式。でも、私たちは日本人なので、どちらのスタイルでも大丈夫。

編：「どちらかが、よりベター」ということはありますか？

松：主賓に合わせる、というのがひとつの考え方ですが、こだわる必要はありません。

編：先生、その「こだわる」「こだわらない」っていう線引き、知ってるとラクですね。大事なところだけ、ピンポイントで気をつければいい。

松：そうなんです。じゃあパンをいただきましょうか。

編：ここのパンも、おいしそうですね！　ではいただきます。（パンにかぶりつく。そこには歯型がくっきり）

松：英恵さん……。そんなにお腹がすいていたのね。なんだか申し訳ないわ。

編：いえ、ペコペコだなんて……。（かじったパンを「取り皿」に戻す）

松：心を鬼にして申し上げますね。**パンは一口サイズにちぎって食べる**のが鉄則。どんなにおいしそうなパンでも、お店での会食で「直接かぶりつく」なんて、ありえません。

編：では、子どもたちにもそう教えたほうがいいでしょうか？

松：難しいところですね。「パンを食べるとき、家の中ではかぶりついてもいいけど、外に出たときはちぎりましょう」、なんてルールが二重にあると、お子さんは混乱してしまうでしょう。「パンはちぎって食べるものよ」と教えてあげると、そのまま品のいい大人になれるかも。

編：確かに！　今日からそうします。（ちぎったパンでスープ皿の残りをぬぐい始める）しかしスープ、パンに合う！　最高！

松：英恵さん……。その食べ方も、お気持ちはわかりますが、控えておきましょうか。

編：も、もしかして、この食べ方ダメでした？　あまりにスープがおいしくてもったいないって思っちゃって。

松：ダメな理由については、「洋食の原則」を覚えてもらえれば応用できるはず。洋食の場とはそもそも、相手を探ったり格付けしたりする場でした。

編：はい、そうでした。「社交」には、そんな意味も含まれますものね。

松：そんなところで**「きれいに食べ尽くす」ということは「私は普段、こんなご馳走《ちそう》を食べ慣れていません」という含意になってしまう**んです。

編：和食だったら「食べ尽くすことが礼儀を尽くすこと」になり、高く評価されるのに、真逆なのですね！

松：だから、スープも、ソースも、「なめ尽くしたようにきれいに食べる」のはよしたほうがいい。実際、私もヨーロッパのマダムからイギリスの故ダイアナ妃が会食の食事を「ほとんど残されていた」と聞いています。

編：あのダイアナ妃が？　ともあれ、パンでスープをぬぐう食べ方は卒業します！

◆ファンシーな顔した「かわいい系スイーツ」って、高難易度！

――肉料理のステーキを「左から右」の法則で、無事に食べ終えた英恵。英恵も先生と同様に、ナプキンで何度か口元をぬぐいながら、グラスを汚さず食べ終えた。そこへ店員が食後の飲み物についてのオーダーをとりにくる。ふたりは紅茶をオーダーした。

編：いよいよデザートですね。スイーツなら、なんとか上手に食べられると思うんですが……。

松：はい、食べやすい形のものがくるといいですね。スイーツにもいろいろありますから。

店員：お待たせしました、イチゴのマカロンでございます。

編：ギョギョッ！　手のひらサイズ！　このデカさ、初めてです！

松：このお店の名物なんですって。

編：これは「手づかみ食べ」でもよいのでしょうか？

松：はい。今から食べ方を伝授いたしますね！「親指、人差し指、中指」。この3本で押さえて食べると、中のクリームを飛び出させずにいただくことができるんです。見ていてくださいね。（親指で手前側のマカロンを押さえ、人差し指で裏側のマカロンの上、中指でその下を押さえ、一口かじる。中身はまったく飛び出ない）

編：すごい技ですね。それは有名な食べ方なのですか？

松：実は私が発明したんです。数年前、マカロンが大流行したときに考案しました。通常サイズのマカロンにも、もちろん使えるワザですよ。

編：それは素晴らしいです！　他にもいろんなケーキの食べ方、教えてください。

松：はい。「食べにくい系スイーツ」の対策案は、すべて用意しています。タルトは、「カキーン！　カキーン！」と鳴るナイフは最初から使わず、「フォークで刺して、倒して、ボコッと割る」。マカロンと、タルトの食べ方は私のオリジナルです。

編：スイーツの食べ方も奥が深いのですね。

松：マナー業界の常識になっているものもありますよ。**ミルフィーユは「最初から倒して、サクッサクッと食べる」。ショートケーキは「上の段、下の段、上の段、下の段……」と交互にフォークで切って食べる。**

◆紅茶でふたりで「ルネッサーンス」!?

編：勉強になります。で、紅茶はどうやっていただけばエレガントでしょうか？（紅茶が注がれたティーカップの取っ手に、指を通したスタイルで持ち上げる）

松：もうお忘れになったかしら？　ドラマ『相棒』の杉下右京さんを思い出して！

編：右京さん？　ポットを高く持ち上げる、あの姿までは思い出せるのですが……。

松：**ティーカップの取っ手には、指を通さず、持つ！**（親指、人差し指、中指の３本の指で、取っ手をつまむように持って見せる）

編：こうでしょうか？　かなり持ちにくくてグラグラします。こぼしたら大変！

松：コツがわかればできますよ。じゃあ、スマホで２通りを撮影しましょう。ぜひご覧になって。

――取手に指を通すパターンと、持つパターンの2通りを撮影してもらい、見比べる英恵。その違いに目を丸くする。

編：手元が違うだけで、不思議と高貴に見えますね。こんな素敵なしぐさ、今まで誰も教えてくれませんでした。エレガントさが１・５倍くらいアップしています！

松：ご謙遜を。１００倍アップですよ！

編：この画像を見て、思い出したのですが……。一般的なコーヒー用のマグカップって、もっと大きいじゃないですか。会社の備品とか、ファミレスで使われているものには指を通していいでしょうか？

松：**大きな取っ手付きのマグカップ**は大容量ですから、職場などでは便利ですね。いちいちおかわりに席を立たなくていいわけですから。もちろん、指はしっかり通しましょう。こぼれてしまっては本末転倒です。マナーはＴＰＯに応じて着替えるもの。オフィスなどで優雅にお茶を飲むというのは、それはそれで「そぐわない」ことですから。

編：わかりました。ＴＰＯに応じての「お着替え」、なかなか難しいものですね。

松：慣れるものです。英恵さんは、今回でまた大きく成長されましたよ。

編：そうでしょうか？　自信がなかなか持てなくて。私、〝暗黒時代〟を抜けられそうでしょうか。世界史的には、次は「アレ」がやってくるはずなのですが……。ルネッサーンス！（紅茶のカップをわずかに持ち上げ、乾杯のしぐさ）

松：そ、そうですね。英恵さんのモチベーションを〝復興〟させていきましょう。じゃあ、次は中国料理。今までより、もっとカジュアルと考えて大丈夫ですよ。北京《ペキン》ダックのおいしいお店にご案内しますね。ルネッサーンス！

終章

実践！おとなの清潔感をつくろう

実録ルポ

初心者が挑戦「教養ある食べ方」中国料理編

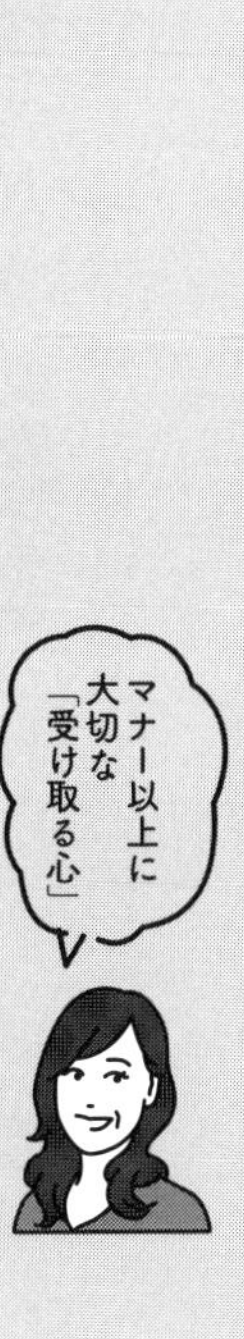

実録ルポ

初心者が挑戦！「教養ある食べ方」中国料理編

——松井先生推薦の名画『マイ・フェア・レディ』を観てから中国料理店での実践講義に臨む英恵。気分はすっかり、主人公のイライザ。ある言語学者と出会ったことがきっかけで努力を重ね、「花売り娘」から優雅なレディへと、大きな変貌を遂げた女性だ。松井先生との待ち合わせを経て中国料理店に入り、円卓席に着いたふたり。英恵はさっそく、目の前に置かれた豪華な大皿に目が釘付けである。

◆和製マイ・フェア・レディ、中国料理店でも「三手」を披露する

編：先生、この素敵な大皿はいったい何でしょう？　まさかいきなり北京ダックが？

松：いくらこのお店の名物とはいえ、最初からメインディッシュがくることはありません。この豪華な大皿は「ショープレート」、別名「位置皿」。お忘れになったかしら？

編：ああ、これが「着席後、しばらくしてから下げられる」という謎の……。

松：このショープレートは会話の潤滑油でもありますよ。お皿についてのトークを楽しむ最中に、上座の人がナプキンをひざにかけたら、自分もナプキンを手に取ればいいでしょう。中国料理の大きな流れは「前菜、メイン、主食、デザート」ですが、その前に中国茶を注文します。

——そこへ店員が、中国茶のオーダーを取りにくる。品書きを見ながら話し込むふたり。

編：中国茶と言われても、見たこともないお茶の名前ばかり。価格も書いていないし、私、とても決められません。千恵美先生に選んでいただいてもいいですか？

松：いえいえ英恵さん、お気持ちはわかりますが、ここは中国料理。お伝えしたとおり、できれば自己主張したいところです。

編：そういう価値観なのですね。日本だと「遠慮」も一種の美徳とされるのに……。

松：そうです、お伝えした通り、**中国料理をいただく際には「自分の食べる量を知っておく」**というものがありましたが、それに通じます。自分はどうなのか、きちんと伝えることが大切です。これは洋食においても言えることでしたね。

編：わかりました。ほんの少しでも、私に中国茶の知識があれば……。もし、とんでもなく高価なものを頼んでしまったらどうしよう。

松：あら、英恵さんはその点について迷われていたんですね。では、とっておきの情報をお伝えしておきましょう。とあるお茶だけ、少しお高いんです。

編：そうなんですね、それは聞いておかねば！

松：そもそものところから、簡潔にお話ししますね。中国茶は大きく6種類に分かれます。「緑、青、白、黄、紅、黒」という6つの色の名前が「茶」という言葉につくんです。緑茶《ルウチャ》、青茶《チンチャ》、白茶《パイチャ》、黄茶《ホワンチャ》、紅茶《ホンチャ》、黒茶《ヘイチャ》……。その種類は不発酵茶から全発酵茶、後発酵《こうはっこう》茶まで「発酵の仕方」によって分かれます。

編：なるほど。

松：この六大茶のなかでも、**特別なのが「白茶」「黄茶」**。希少なお茶で、中国茶全体の1割にも満たないんですって。だからどうしても高価になる。だから、無難なものを選びたいときは「白茶」「黄茶」以外から楽しく選ぶといいですよ。

編：「白茶」と「黄茶」ですね、メモメモ！　今日は私は「青茶」をいただくことにします！

◆和洋中共通の〝美姿勢〟で食事を楽しむ

——中国茶を無事に注文した英恵。

編：前回まで和食・洋食と実践の場を設けていただきましたが今日は最後の中国料理。学びばかりで頭も体もフル回転ですが、先生がお優しいおかげでとっても楽しいです。今日の私の目標は、会話を楽しめるようになること。そして、今日こそ「〝手皿〟を卒業すること」です！

松：英恵さん、素晴らしい。気分は「マイ・フェア・レディ」でまいりましょう。**「手皿」を防ぐには、テーブルと椅子との「正しい距離」を保つこと。6〜9センチ、つまりこぶしひとつ分の距離で座れば、「かっこよく見える上半身の姿勢」を保ったまま、テーブル上で優雅に手を動かせますよ。**

編：ハイッ！（テーブルから「こぶし1個分の距離」で椅子の位置を調整する英恵。その間、ショープレートが下げられ、前菜が運ばれてくる）

店員：豚肉のこんがり焼き、ハチミツのチャーシュー、ピータン、クラゲの冷製でございます。

編：どれもおいしそう！　えーっと、中国料理の場合、**「三手《みて》」**でお箸を手に取るべきなのでしょうか？　和食のときに「三手」と習った気がしますが……。

松：素晴らしい質問、ありがとうございます。「三手」は確かに和食ならではの素敵な作法。**他の料理のときでも箸が出てきたときは、それを貫いていい**というのが私の見解です。「自国のマナーをしっかり体得している姿勢は、外国人から見ても好ましい」というのが、その理由。自国の文化を大事にできて初めて、他国の文化も尊重できるわけですからね。

編：とても納得できます。では私も「三手」で！（和食とは異なり「縦位置」に置かれた箸を、三手でエレガントに手に取る）

◆熱すぎる点心は、中国料理における「伏兵」！

――前菜を和やかにいただくふたり。次に点心が運ばれてくる。

店員：「エビ春巻」「春菊の海鮮蒸し餃子《ギョーザ》」「もち米の焼売《シュウマイ》」でございます。

松：英恵さん、これらの総称が「点心」なんですよ。そして**「点心を食べながら中国茶を飲む習慣」のことを「飲茶《ヤムチャ》」と呼びます。**

編：あらら？　では、すごく厳密に言うと「中国茶を飲まずに点心だけ食べること」は「飲茶」ではないのですね？

松：そうなのです。飲茶＝点心そのもの、ではなく**「飲茶＝点心＋お茶」**です。外国の習慣が輸入されてくるときは、ニュアンスまでは正しく伝わりにくいのかもしれませんね。洋食のところでお話しした「ハイティー」（206ページ）についてもしかり。アフタヌーンティーと対抗するように「ハイティーセット」もあるようですが、その起源を知っていると、少々違和感がありますよね（笑）。本質を知っておくと、世界が広がりますね。

編：ああ、ミーハー気分から脱して、正しい教養がひとつ身についた気がします。とはいえこの点心、食べるのが難しそう。

松：こういった「点心」の最大の特徴は、とにかくホットなこと。原則、適温で提供される和食や洋食とは異なり、やけどしそうなほど熱いことも。まあ、それも大国・中国流の「歓待アピール」なんです。

編：なるほど。熱々のお料理は確かにうれしいものですが、注意が必要ですね。

松：この3品のなかでは、難易度が高いのは「春巻」。ですからまず、「餃子」と「焼売」を先にご説明しておきましょう。「一口で食べよう」と頑張る必要はまったくありません。「大きい？」と感じたら、箸で一口大にその都度切って、いただいてください。

——餃子と焼売を無事に食べ終えた英恵、春巻を眺めて途方に暮れる。

編：では先生、「春巻」の食べ方をお願いします。家ならかぶりつくところですが……。

松：はい。「春巻」も、原則は他の点心と同じ。**「一口大に切って食べる」**スタイルが王道です。上から押さえながら切ると〝こんがりきつね色の皮〟をパリパリと散乱させずに切ることができます。それが難しければ「切ることをあきらめて二口で食べる」方法でも大丈夫。ただしその場合、かじったところが見苦しいので、もとのお皿には絶対に戻しません。「箸で持ったまま二口で食べきる」が正解です。

編：「二口で！」ですね！

松：今日は、「餃子」と「焼売」を先にいただいたので、「春巻」についてはほどよい熱さになっているはず。ご自身の箸で、一口大に切って食べてみてください。（春巻に箸をつけるふたり。英恵も、春巻をうまく切っている）

編：これはむしろ、「春巻」と思わないほうが、きれいに切れるかもしれませんね。

◆北京ダックは「分餐型のあらかじめ餅皮に巻かれたタイプ」なら楽勝！

——そこに北京ダックが運ばれてくる。すでに皿に切り分けられ、皮状の薄餅にダックの皮、キュウリ、白髪ネギなどが巻かれている。

松：さぁ、今日のメインです。今回は個別に運ばれる「分餐《ぶんさん》」型で、ダックがすでに袋状に巻かれているタイプです。

編：ということは、自分でゼロからダックの皮を巻かなくていいということ？

松：はい。北京ダックの専門店でも、提供のスタイルはお店によって異なるので、気になるようでしたら事前に確認をしてもいいですね。今回のスタイルだと、すでにきちんと巻かれているので、お箸でもいただけるくらいなんです。

編：それはうれしい。あとは、中身が漏れたり、飛び出したりしないように食べればいいわけですね。

松：袋状の「口の開いたほう」からいただきましょう。

編：はいっ！　おいしそう！

松：その通り。笑顔でいただきましょう。

——英恵、「2〜3口で食べきる形」で、袋状の「北京ダック」を完食。時間はかかるものの皮状の薄餅から、タレも漏らさず、具材も飛び出させず美しく食べ終える。

編：千恵美先生……、この食べ方で大丈夫でしたでしょうか。

松：はい、100点満点、合格です！

編：中国料理の最高峰、北京ダックをうまく食べられた！

——そこに、最後の食事として五目スープそばが運ばれてくる。

◆「麺類ズズズ癖」は、日本人のＤＮＡに深く刻み込まれている!?

松：さあ、いよいよ麺の登場。中国料理での作法を身につけましょう。

編：あれ？　麺類ってかんたんにいただける印象が強いんですが。すでに日本人の主食と言ってもいいですよね？

松：そこが、大きな違いなのです。**中国料理ではレンゲを「受け皿」に見立てて食べます。**何より「持ち方」から違うのがレンゲの特徴。

編：そういえば、取材でいろいろと伺った気が……。（ノートを見返しながら、レンゲを持つ）えーっと、**人差し指をレンゲの溝に入れ、親指と中指ではさむ**、と。

松：はい！　英恵さん、とてもうまく持てていますよ。大正解です！

編：ホッ。

松：では、五目スープそばをいただきましょう。

編：こんなに緊張して麺をいただくのは、初めてかも。ご近所のカジュアルなラーメン屋さんが恋しい！（左手でレンゲを持ちつつも活用せず、右手の箸だけで、音を立てながら麺を口に運ぶ）ズズズズ……、ズズズズ……！

――英恵が麺をすする音に、離れて座っている客までもが一瞬振り返る。

松：英恵さん！　麺類をすするのはダメ！　**すすっていいのは和食のときだけです。**

編：ああっ、またやってしまいました。ごめんなさいっ。今日はここまでノーミスだったのに……。すすらずに麺を食べるって、いったいどうやって？

松：まず**「レンゲは受け皿」**。左手のレンゲに麺や具を移すわけではありませんよ。麺をお箸で取り、レンゲで少しずつ受けながら食べると音も立たず汁も飛び散りにくくなります。汁を飲むときには、右手にレンゲを持ち替えて飲みます。焼きそばのように汁のない麺ではレンゲは使いません。

編：なるほど！　そしてどんなときも美姿勢を保つ、ですね！

――中国料理のコースも終了し、お茶で一息つくふたり。

松：英恵さん、おいしく学んでいただいた〝実践編〟、おつかれさまでした。お茶で一息つきましょう。本当においしいお茶ですね。中国茶は6種類、さらに言うと中国の「お酒」も6種類なんですよ。

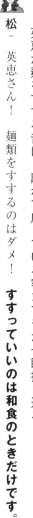

編：ええっ？　中国のお酒って「紹興酒」くらいしか聞いたことがありません。私ってアラフォーにもなって、本当に何も知らない……。

松：いえいえ英恵さん、まずは「ざっくり」でいいのですよ。細かな知識はあとからついてきますから。

編：あのう……。その「ざっくり」って、どのくらいの「ざっくり」でしょうか？

松：たとえば、今回「基本背景」でお伝えしたような、それぞれの料理の、基本的な構造です。たとえば**和食は武士道をベースにした、残さずいただく精神、洋食はレディ・ファーストを前提とした、社交と危機管理の精神、中国料理は歓待と富アピール文化**。それぞれの細かなテーブルマナーの前に、概念を理解すると、より身につきやすいはずです。

編：なるほど。それで最初に「基本概念」を教えていただいたんですね。

松：マナーや作法を「丸暗記」する必要はありませんよ。理由や背景をまるごと知って、そしてこうした実践を楽しみつつ、身につけていく。そちらのほうが教養として身につく近道です。

編：今まで私は、改まった席で人の動きを盗み見して知っているふりをしたり、開き直って笑ってごまかしてきたけれど、先生のお話のおかげで、次こんな席に来たら、きっともっとエレガントに振る舞える自信があります！

松：私が目指すゴールは、品のよい食べ方がもたらす、その人の内面の変化です。品の良い食べ方は、その人の心を豊かに、輝くものに変えていきます。私は多くの人に、そんな「心が豊かになる教養」を身につけてほしいと思っています。単に表面的な優雅さだけを追求しているわけではないのです。ここは本当に強調したいところですが、ご理解いただけたかしら？

編：もちろんです！　教養を身につけるのは自分から知識をひけらかすためではなく、自分に自信を与え、より自由になるためなのですね。それはきっと、多くの方に共感してもらえるはず！　しかし、中国酒が6種類もあるとは驚きです。

松：そうです、**「中国酒も中国茶も、同じくだいたい6種類」**です。黄酒《ホワンチュウ》、白酒《パイチュウ》、薬酒《ヤオチュウ》、果酒《グオチュウ》、啤酒《ピイチュウ》、そして外来酒。

編：へぇぇぇ、私もいつか飲んでみたいです。ゆったりとした気分で（笑）。

松：今回はお酒はナシで講義させていただきましたが……。このお仕事が一段落したら、ふたりで乾杯をしましょうね。

編：はい、ぜひ！　千恵美先生の本を素晴らしいものに仕上げてから、祝杯をご一緒させてください。まさに「ルネッサーーンス」です！

和洋中 phrase21

85 箸置きがあるのに、皿や器の上に一時的に箸を置かない

86 どの料理も迷ったら自国のマナーでOK

87 和食では串ものは具をひとつずつ外しその都度口にする

88 和食で椀の蓋をひっくり返し外側に置くのは「お膳を汚さない」ため

89 和洋中いずれも一度かじったものを器に戻すのはNG

90 和食でチップは「心付け」、懐紙などに包んで目立たぬよう渡す

91 和洋中いずれも上座は「お店の方が椅子を最初に引いた席」

92 和洋中いずれも、お店の人は上座から料理を運ぶ

93 和洋中問わず「出入り口から一番遠い席」が上座

94 和食では「箸」洋食は「グラス」を見ればその人がわかる

95 洋食でカトラリーを使用中、休むときはお皿の上に八の字に

96 パンは一口大にちぎって食べる、かぶりつかない

97 卓上のパンのカスは、自分で掃除しない

98 洋食は「なめつくしたように食べる」はNG

99 洋食で手を使ってよい場合はフィンガーボウルが出される

100 ショートケーキはクリームを境に上段→下段、左から右へ

101 テーブルとの間は「こぶし1個分」ルールで美姿勢を保つ

102 中国料理では箸は縦位置に置かれる

103 飲茶とは「点心と中国茶を一緒にいただくこと」

104 和食以外では「すする」はNG

105 中国のお酒はおもに6種

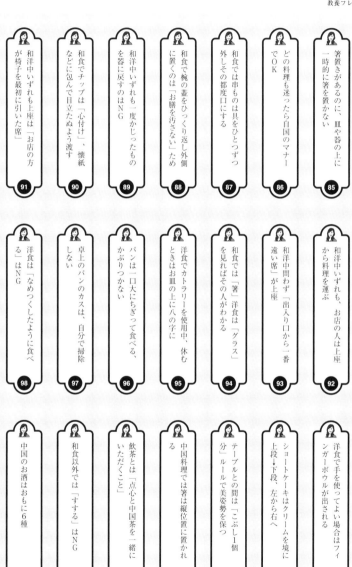

おわりに

最後までお読みいただき、ありがとうございました。

この本では、「食事の場面で見られているのは、マナーそのもの以上に、知性である」というテーマのもと、和洋中それぞれのテーブルマナーと、その由来となる歴史や文化的背景をお伝えしてまいりました。

美しいとされる所作のひとつひとつに、理由と背景があること。丸暗記ではなく、その歴史的・文化的背景を理解したうえで推測すると、しかるべき作法の型が導かれる、ということをご理解いただけたら幸いです。

マナーを学んでいただいた受講生から、こんな感想をいただいています。

「これまで、自分を磨き人生をランクアップさせようと、さまざまなセミナーに参加してきたが、いまひとつ効果を実感できませんでした。千恵美先生のもとでマナーを学び始めると素敵な変化が次々と起こりました。食について丁寧に向き合うようになったことで心が整い、生活のさまざまなことにも丁寧に向き合うようになりました。実践を積み重ねるうちに、今までよりランクアップした環境で、堂々と振る舞える自分になっていました。そのような場に誘われる機会も格段に増え、人生のランクアップを感じています」

この50代の女性をはじめ、私のレッスンにいらした方はみな、内面のみならず外見も美しく輝きを放つようになります。「自分の食べる姿に自信がついたら、相手が誰でも、優雅に自分らしく振る舞えるようになった」「素晴らしい方々とのご縁が広がった」など、たくさんのうれしい声が届いています。

それまで仕事や家のことで日々多忙を極め、自分に構っていられなかったという人でも、品格はあとからでも身につけられます。受講生たちの姿から、私自身それを日々、実感させていただいています。

マナーとは、他人への思いやりを習得することであり、同時に、自分自身を大切にし、満たしていくものでもあります。美しい所作で、周囲を慮《おもんぱか》ることができる人がまとうのは、ひとりのきちんとしたおとなとしての清潔感です。

マナーを知ることが所作を美しくし、美しい所作が習慣を変え、習慣は人生を変えていきます。もっと自分を好きになり、自分に自信が生まれることでしょう。

教養とは、人生のステージアップの手段です。教養を深めていくことに終わりはなく、新しい知識の先には、きっとまた知的好奇心をくすぐる発見があることでしょう。最も身近と言える「食べ方」を入り口に、学びを深め、内面から自分自身を高め、磨いていく。そのきっかけのひとつに、本書がなれるとしたら幸せです。

最後になりましたが、本書の出版にあたっては、サンマーク出版の橋口英恵さん、山守麻衣さんに大変ご尽力いただきました。また、いつもあたたかく見守ってくれる夫と母親、これまで無数の学びをくださった受講生の方々、皆さまに心から感謝申し上げます。

２０２１年10月末日

松井千恵美

松井千恵美（まつい・ちえみ）

日本と西洋の作法に精通し、エグゼクティブから絶大な信頼を集める「ミセス・エレガンス」。一般社団法人ジャパンエレガンススタイル協会代表理事。
幼少時代から日本の伝統文化に親しみ、箏《こと》の芸歴は45年超。現在は生田麗華流《いくたれいかりゅう》家元。茶道（表千家）の心得もある。各種マナースクールで国際マナーを習得したほか、フランス上流階級婦人らからの直接指導で、西洋と日本のマナー両方を究める。テーブルマナーから日常のマナー、ビジネスマナーなど、マナー全般における講師養成をはじめ、大手CA養成スクールでの講師実績を積むなど、これまで１万人以上が受講。日本の伝統的な作法と国際マナーを体系的にまとめたメソッドは、「単なるマナーではなく自分に自信が生まれる教養」と評判に。ホスピタリティーと品格ある"教養としての作法"を広く教えている。
一般社団法人ジャパンエレガンススタイル協会
https://japan-elegancestyle.org

カバーデザイン　萩原弦一郎（256）
本文デザイン　米川 リョク（yonekawa design）
イラスト　松山朋未
DTP　髙本和希（天龍社）
構成　山守麻衣
編集協力　乙部美帆
編集　橋口英恵（サンマーク出版）

おとなの清潔感をつくる
教養としての食べ方

2021年11月15日　初版印刷
2021年11月25日　初版発行

著　者　松井千恵美
発行人　植木宣隆
発行所　株式会社サンマーク出版
東京都新宿区高田馬場2－16－11
（電）03-5272-3166
印　刷　株式会社暁印刷
製　本　株式会社若林製本工場

ISBN 978-4-7631-3941-2 C0030
ホームページ　https://www.sunmark.co.jp